超越祖魯法則

BEYOND THE ZULU PRINCIPLE

瞄準成長股的超人利潤
散戶選股策略經典

Extraordinary Profits from Growth Shares

Jim Slater

吉姆・史萊特——著　陳鴻旻——譯

Contents

第二篇　掌握選股的關鍵要訣

第三篇　凌駕大盤的附帶條件

推薦序

聚焦、重壓、安全防護，散戶兵法祖魯法則

呂張投資團隊總監　呂宗耀

吉姆．史萊特是我相當尊敬與推崇的一位投資大師，其投資準則「祖魯法則」被譽為散戶投資兵法，他主張「聚焦」、「重壓成長型中小股」及「建立安全防護網」的三大策略，一直以來亦為敝團隊於台股投資作戰中奉為圭臬。

史萊特更不斷強調，投資人要找出自我投資屬性與方法、鑽研某一板塊直到成為行家，才具超越他人的優勢。他亦點出市場波動瞬息萬變，投資成功之道沒有捷徑，唯有專注、深入及全力以赴，方能出手擊中目標，成就自我投資之路。

當我知道史萊特另一本經典著作《超越祖魯法則》即將推出中文版時，我內心感到非常興奮與期待，尤其在現今各國央行競相實行貨幣寬鬆政策、經濟成長不均衡，以及中國步入大調整階段，進而引發兩岸政經情勢鉅變的情況下，投資環境與內容更形複雜並多變，投資大眾也更容易受到市場表面喧囂與紛亂，而不知所措及被誤導，此時正需要一盞明燈給予指引與鼓勵，堅定信念、打開眼界與思考，才能在亂局中站穩腳步、續向前邁進。

《超越祖魯法則》深入說明祖魯法則的內涵，更加強對成長股的要求與新思維。史萊特並以其過往親身投資經歷，配合實例佐證，雖然時空背景相距二十年，但投資核心內涵亙古不變，這樣的心法與經驗傳承彌足珍貴，相信本書對於欲進入台股作戰，或早已深耕其中的投資人必定有極大啟發與幫助。

台股投資的格局已質變了，從2014年11月17日，中國股票市場開放的重點政策「滬港通」正式開通以來，密集且利多的國家政策陸續推出，並逐一規畫與執行，包括多次降息降準、一帶一路與亞投行的大戰略、人民幣國際化／利率自由化／跨境資本帳戶開放等金融國際化進程，皆證明中國官方引導資金從房市轉入股市的明顯企圖，至今（2015年）上證指數大漲61%，直逼4,200點，深圳指數也同步上漲61%，兩市合計成交量倍增至1.5兆人民幣，與融資餘額均頻創歷史新高，也帶動港股上漲直逼28,000點、日成交量倍增，港股與陸股雙創2008年金融海嘯以來新高，市場多頭氣氛火熱。

相較之下，台股交易情況持續低迷，過往動輒1,400、1,500億元大量的日子早已不復見，如今千億元反倒成了台股日成交的天花板，讓人不得不警惕台股邊緣化的危機。台股投資要贏，從來就非台灣能左右變化，台灣僅5,000億美元GDP，影響力微，四面環海，優秀人才一定是跨海能征戰的英雄，投資也一樣，要贏，思緒也要跨海。

從長期與總體角度觀察，大中華區資本市場儼然成形，目前香港、滬深二市與台股上市櫃合計總市值達14兆美元，全球排名第三，規模僅次美、歐。而2014年，中國GDP突破10兆美元全球占比13%，但陸股在MSCI全球指數中權重僅2.2%，比例相當不平衡。隨著中國金融市場逐漸開放，大中華區重要性也日益增加，國際資金配置比例將不斷提升，兩岸三地都會同享利益，台股也會隨之連動，這是台灣長線價值的喜。

但台股與產業壓力所在，是來自中國產業近幾年來拼量殺價的狠勁，它擁有龐大人口與內需市場，有錢買得到技術，因此低技術含量產業，已非台灣玩得起的內容，高技術層次、品質、彈性與服務等利基型、客製化產業，依靠的是靈巧彈性及即時性服務，這是台灣企業特長。跳過中國量化產業內容，台灣企業若要再勝出全球，得將從此出發。對應到台股，台灣1,520家上市櫃公司中，股本低於30億的中小型公司占比超過七成，台灣中小型公司以靈活與彈性征戰全球，大中國公司學不來，利基型、競爭力領先的中小型股對比中國公司的量化優勢，更突顯台灣公司的差異與優勢，未來亦將成為台股投資主軸、獲得大中華區資金配置者的青睞。

因此，《超越祖魯法則》非常適合台股投資人用心研讀與學習，除了祖魯法則本即針對散戶投資人所用，相較於美國、中國等大陸型經濟體，史萊特身處的英國股市，為四面環海的島國，及以外擴經貿為主的特徵與背景，與台灣更為相似，投資法則的運用也更為適當，而且聚焦於成長型中小型股的策略亦符合台股未來投資趨勢，此時出版本書真是投資人一大福音。

本書詳列史萊特所有投資精髓，從選股邏輯、方法與標準，至如何篩選、善用工具與參考資料等一應俱全，從可量化的本益成長比、本益比、成長率、每股現金流量、槓桿率等，到非量化的閱讀股東大會報告、出席股東大會、經營團隊是否異動、檢視董監事持股、經營者公開發言與後續發展是否符合等檢驗標準，大致已囊括選股的根本條件，運用在台股上，其參考數據可隨不同市場或各投資人要求不同而有所調整，也未必需要完全符合所有條件。

若藉由史萊特的選股法則觀察台股，以大家耳熟能詳的現任股王大立光為例，2012年以來，其股價從不到500元大漲近5倍，至今（2015）年最高的2,820元。若從過去預測數據及歷年財報看，2007年以來，該公司無論在連續年度營收獲利持續成長、高於同業的毛利率與股東權益報酬率、資產報酬率表現、每股現金流量高於每股盈餘，以及極低槓桿比率等量化表現，到在手機鏡頭用光學產業領域中，從萌芽到蓬勃成長、高技術層次居全球寡占地位、大股東持股穩定等質化內容，都足以說明其股價長線走揚背後的紮實基礎。以此個案，望投資人均能善用所學，建立出自己一套勝利模式及方法，尋找到下個漲倍股。

最後，投資要贏，難的並不在於以「祖魯法則」挖掘潛力股，而是我們在瑣碎與忙碌的日常生活中，能否不斷地持之以恆；能否跳脫股市每日價格波動、喧囂與資訊爆炸的情況，靜心、專注地執行自我投資修煉，追尋真正成長內容，而非如造夢般的喧嘩。股市投資勝出方式百百種，最終決戰都在於克服人性與努力貫徹，藉著《超越祖魯法則》的出版，期與所有台灣投資人共勉之。

前言
專精，賺到一桶金

錯的時間入手錯的類股，註定是要賠錢的；對的時間揀對了類股，不賺一筆都很難。

《祖魯法則》跟續作——本書——都在說明「聚焦」對投資多麼重要。什麼都做、什麼都不放過不是好主意，相反地，專精在局部領域，成為當中的佼佼者比較好。

我向來偏好中小型股票，箇中道理相當明顯。首先，中小型股乏人研究，所以有便宜好貨；其次，平均績效遠優於大型股。事實上，過去五十年來微型股表現豈只勝過市場八倍。

本書中會提到我在1992年運用的投資方法，之後方法雖略經修正，但基本上是一致的。

第一，我專挑軟柿子吃。這裡的意思是專注在前景極佳的領域或部門。錯的時間入手錯的類股，註定是要賠錢的；對的時間揀對了類股，不賺一筆都很難。

有個保障可以選對邊的辦法，就是確認看上的股票和類股，其上一年度的相對強弱指數（RSI）是極大正數。我在這方面總會下功夫檢查，確認沒有差錯，而且沒有尚未公諸於世的勁爆消息。

我的祖魯法則有部分是專注在成長股。我說過自己相當偏愛市值小的公司，為了解釋這件事，我用了「大象不會跳舞」來比喻；我也挑選便宜的好貨下手，這決定於預估本益比和成長預測。理想的情況下，預估本益比要落後成長率一大截。例如，本益比15倍的公司，年成長率如果有30%，便可說極為誘人；但如果只有5%，就相當倒人胃口。若15倍本益比搭配30%年成長率，本益成長比（price earnings growth, PEG）便是賞心悅目的0.5；但同樣的本益比搭配5%年成長率，本益成長比則變成大而不當的3.0。

我寫《祖魯法則》那時候，本益成長比是剛為人所知的投資工具，如今已成為眾人朗朗上口的投資方法，且為多數金融機構採用。

不過，單單光看一年的成長不是好事，公司應交代不錯的成長數據，才是重點中的重點。最低標準是提供過去二年加上未來二年預估，前三年加未來一年也可以，達不到的話就不足以判斷成長為真，抑或只是谷底反彈。

另一個非常重要的原則，是每股現金流量務必要超過盈餘。太多外強中乾的企業一著手分析，就看得出盈餘收不到錢。也就是說獲利看得到吃不到。確認每股現金流量穩穩地超出盈餘，能避免踩到類似安隆案（Enron）的地雷。

第三個要訣是確認董事沒賣出自家股票。即使數據多麼輝煌，如果出現不只一位董事賣股的情形，就足以讓我打消念頭。相反地，若好幾位董事買入自家股票，後市就十分讓人看好。執行長跟財務長買入自家股票，尤其值得關注。公司的內情此二人當然一清二楚，既然如此，他們還願意把錢壓在吃飯的勾當，我向來樂觀其成。

總結一下，腦袋對理想的成長股要件若要有紮實的看法，我自己覺得好用的特徵有：

- **強勁的成長數據**
- **樂觀的前景和預測數字**
- **本益比相對低於預測成長率**
- **每股的現金流量比盈餘高出一截**
- **適度而非過度槓桿**
- **上一年度相對強弱為正**
- **董事買股**

本書付印之際，前景猶是風雨飄搖。不過，儘管把心臟放大顆吧——靠著本書的方法，還有Company REFS[1]的幫助，讀者應

1. 簡稱REFS，提供一切資料給認真的投資人或專業投資家，做為選股判斷，在英國受歡迎的程度媲美美國投資大眾訂閱的《價值線》（*Value Line*）。

有能力打敗、甚至傲視大盤。

　　願原力與你同在！

第一篇　成長股是絕佳的聚焦投資主力

多數散戶，我建議入門（或從一而終）領域，理所當然首選成長股。
它們報酬最豐厚，上漲機會無窮，選對股票可以放很多年，
持有期間更可能價錢翻上數倍。

1
你的投資方法

散戶的第一項優勢，頒給「口袋淺」；第二項要頒給「集中持股」；第三項優勢是散戶的「能力圈」。

一筆好的投資，往往給人一種「自己怎麼想不到」的感覺。所以話說在前頭，抱著何種思維的人，不是我的目標讀者：買了年金或人壽保單，或者一、二支基金，報酬比利息好一點就滿足；還有，風險低讓你心安理得，認為報酬大致跟大盤趨同，沒什麼大不了，不太想花很多時間在部位上面斤斤計較，上述這些人，本書可能無法激起你的熱忱。

別誤會我的態度；我不認為這樣的思維有什麼不好——每個人都需要提供自己還有家屬安全無虞的財務基礎，挪出好一部分空閒時間來計較投資報酬，不是一項「全民活動」。

不過，假如你的眼光不只放在ETF或基金之流的被動投資的平均報酬；或者假如你有打算每個星期撥出幾個鐘頭多賺一點回報；或者假如你相信會跟我一樣樂在其中，那麼你就是本書目標讀者。

近年來我下了很大的功夫，在微調自己的投資理念，很高興最後做成結論；我也很滿意理論付諸行動後，所帶來的優異財務報酬，希望本書的讀者日後亦有如此感想。

本書雖然沒有附上輕鬆致富的公式，但是我有把握讀者會學到有事實根據的投資方式，而且日後績效很有機會年復一年高出專業投資人和大盤一截。讀者也將獲得一連串的愉悅及成就。

凌駕大盤非夢事

凌駕專業基金經理人？不少人乍聽之下的反應是不可能，或者難度非常高。畢竟這些人是靠這行吃飯，比較起來似乎理所當然。不過，不妨想一想，投資經理人跟其他行業的頂尖專業人士有什麼分別。不同於醫生、律師、建築師、會計師，這些人沒經歷過從學分、執照到資格考試的一條龍教育養成制度。投資管理這一行，理論的比重可說是微乎其微，也不需正式資格。所以對散戶而言，這場挑戰並非一開始所想的那麼令人氣餒。

凡是投資人，凌駕大盤績效的目標剛開始都會碰到瓶頸。不像股市指數，所有的投資都要扣除交易成本，如基金投資要扣除開辦和管理年費。你會驚訝地發現，這些門檻造就一個現象，就是只有不到10%的基金經理人，有辦法規律地打敗大盤。即使遊戲規則是公平的，法人也可能是不堪一擊的對手，在某些方面，散戶卻反而占有優勢。

全世界名氣最大的投資人巴菲特，他便一語道破法人的問題點：「口袋深是卓越投資果實的累贅。好的企業雖多，但以我們的資本來看，怎麼買都是茲事體大。目前能投入1億美元的證券標的，我們才會考慮。以致於投資組合急遽減少。」易言之，有的企業規模小到連法人看不上眼，即使法人相信這些企業股票的績效會大幅超過大盤。

散戶的三項優勢

相較之下，散戶的「打擊面」比法人大得多，是一項不錯的優勢。因為口袋淺，得以刻意地投入小型企業；可想而知，這麼做需要專業，而且風險不小。不過觀察過去四十年來的數據可以發現，小型企業的平均年度績效比大盤高4%左右。覺得還好？過去七十五年的平均股東報酬率（包括股利再投資）是每年12%，這多出的4%，對整體投資績效挹注著實不小。每年12%的報酬能讓投資在六年翻上1倍，若是16%的話，時間則縮短為四年半。

所以，散戶的第一項優勢，頒給「口袋淺」；第二項要頒給「集中持股」。法人不是間間都像巴菲特那樣出手闊綽，在英國，不少信託基金掌管數十億元資產，顯然一出手就是1億英鎊，結果造成信託持股動輒上看五百支。我想散戶也知道，若手上有十支股票，頭一支會比第十支樂觀；同理，第十支比第一百支樂觀，何況對第五百支的信心。

實務上，在英國找到一百支優選成長股的難度非常高。多數積極的散戶，泰半時間手上持股皆維持在十支，這是進一步凌駕投資法人的優勢。

第三項優勢是散戶的「能力圈」（circle of competence）範圍，這用在集中持股的情況特別有利。大家都有自己比較懂的地方，可能是因為嗜好、興趣、工作，或剛好知道。例如沉迷網路的「婉君」，可能知道網路的新發展；保險經紀人清楚傳統保險業的挑戰，能掌握業者之間的消長；或注意到某家新式餐廳或店面越開越多；或附近工業區哪間公司在裁員或缺工。

積極的散戶可將能力圈套用在相對集中的持股，便能產生顯著的效果。投資法人也許能力圈更大，但不足以跟上投資組合膨脹的腳步。用功的散戶就像把一匙果醬抹到一片土司上，基金經理人卻得煩惱上百條土司，一罐果醬怎麼夠用。

三人行必有我師

投資同道是很有用的散戶幫手與靈感來源，可以與人眾樂樂，還有機會提升績效。英國規定投資社群人數上限是二十人，成員可能涵蓋餐廳經理、事務律師、會計、房仲、菜籃族，甚至公關。各有「能力圈」的成員共同聚集在一塊兒，能為社群添加整體優勢和實務知識。

優點不只如此。總是有些投資同道「跑得比較前面」，對投資的了解比其他人廣泛、深入，因此可以提高彼此的平均程度。此外在社群成員互相砥礪下，較容易嚴守法則，互相提供對方心理支援。最後，諸如Company REFS等必要服務及相關資訊的訂閱成本，也可以由眾人分攤，使其降到個人可以負擔的水準。

活用祖魯法則

此外，散戶可以靠祖魯法則，樹立自己的投資專業。祖魯法則是我上一本書的書名，靈感來自內人讀到一篇《讀者文摘》當中介紹祖魯人的文章。結果她沒花幾分鐘，就比我更懂祖魯人，這使我想到，如果內人到附近圖書館，把架上的祖魯人相關書籍統統帶回家看完，她就是全社區最懂祖魯人的專家。如果她接著造訪祖魯人聚落，又待在約翰尼斯堡大學研讀半年祖魯人歷史，不就是國際上這領域的專家？

重點在於，我妻子花費相對少的力氣，就當上一個極度侷限領域的專家。她像是手握雷射槍，而非散彈槍，她的智慧和資源在小圈圈中可以獲得極大效益。投資道理亦如是──專精一項標的，像成長股或資產股，或專注某個類股，如此一來，你便會成為該領域的「專家」。鶴立雞群的那隻鶴，身長用不著最長；也就是說活用祖魯法則，便能幫助你成為那隻傲視雞群的鶴。

多數散戶，我建議入門（或從一而終）領域，理所當然首選成長股。它們報酬最豐厚，上漲機會無窮，選對股票可以放很多年，持有期間更可能價錢翻上數倍。

景氣循環股是另一回事，其目標是買在波段低點，然後趁高點脫手。因此麻煩的地方是時間點，及日後的再投資。

要求寬鬆多了的成長股，將是本書的焦點。

書中自有黃金屋

無疑地，有強烈抱負散戶的第一步便是開書單，盡可能多讀書。在其他領域，像化學、醫學、法律、會計等主題或各種次領域有不少相關英國書籍，但換成投資，市面上雖然有很多好的美國書籍，但沒幾本來自英國。可能賺錢這門技藝在美國較得賞識，蔚為全國風氣；或者英國人覺得投資的題材很無聊。總之，深入的投資策略和技巧，必須仰賴美國進口。

不會但想學做菜的人，至少會想到翻一翻料理書。同理，投資人事前應該盡量多讀相關主題書籍，然後才進場。第十九章會專門講這件事。讀完我開的書單，應該多少會占到優勢，不妨想像在盲人國度中鶴立雞群的獨眼龍。

伯納德．葛雷（Bernard Gray）的著作《投資上手的第一本書》（*Beginner's Guide to Investment*）、麥可．布萊德（Michael Brett）的著作《數字背後的數字》，和拙作《簡單投資不求人》（*Investment Made Easy*），是三本英國的投資入門佳作。後續我會假設讀者至少讀了其中一本，知道本益比、股利收益率、發行紅利股（scrip issue）等術語；也會假設讀了《祖魯法則》或其他相似觀點的書籍，以免後續內容拖泥帶水、嘮三叨四。

何謂「Company REFS」

除了放諸四海皆準的策略和戰術以外，積極的散戶要能夠掌握有規律、可靠的每月或每季更新數據。因此我找了城市資訊調查機構（City information and research organisation）的漢明頓・史考特（Hemmington Scott），和漢寶羅企業指南（Hambro Company Guide）的出版商，規畫出一套實現上述要求的新服務——Company REFS。內舉不避親，從許多用戶的口碑來看，我自認REFS絕對是單一投資的資訊來源首選，散戶從此可以一次掌握各種財務統計和其他有用資訊。「企業輯」（companies volume）包含全體報價的公司（除了信託基金），介面包含一整頁詳盡介紹、一張圖表，跟近五年的關鍵財報數據。此外視情況顯示未來二年的法人預報共識、個別券商的預報，跟持有／出脫／續抱的建議。

「報表輯」（tables volume）則包含過去六個月的董事交易記錄、當月法人預報修正、執行長異動，及超過八十頁用於查找投資異常的圖表。例如當中有利可圖的本益比、本益成長比、每股資產淨值、現金流量、股利收益率等等，及類股中個股相對競爭對手／市場同業的詳盡統計。

我從規畫REFS的研究過程及拓展服務的經驗學到不少，因而修正許多原本的評判基準。但後續我不會隨時點出事前事後的差異，大概只會直接寫到最新的觀點。

後續章節，我會告訴你優良成長股的特徵、如何看出／評價／汰選，以及何時出脫持股。此外在〈競爭優勢〉、〈多空市場〉兩章中，我會重提若干《祖魯法則》精髓，我對這兩章內容的看法幾乎沒變，但我希望本書可以更加完備，因此加進書中。其餘章節則徹底更新成長股的祖魯法則。

我有信心本書讀者能更加掌握成長股，日後做出更棒的選股，將大盤拋在腦後。

▶▶▶ 重點摘要

1. 散戶有三樣有利於凌駕法人的優勢：
   - 資金少，更方便投資小型企業。
   - 頂多十支持股，法人要傷腦筋上百支。
   - 「能力圈」易於派上用場。
2. 同道社群對散戶很好，可以提升本身投資知識，擴大懂的範圍。
3. 鑽研並且應用「祖魯法則」會帶來回報。本書專門聚焦在成長股，帶領讀者晉升這領域的「專家」。
4. 多讀書。投資知識有限的讀者，可從下面三本挑一本入門：《投資上手的第一本書》、《數字背後的數字》，和《簡單投資不求人》。此外我建議閱讀拙作《祖魯法則》，或其他持類似觀點的投資理財書籍。
5. Company REFS是我為積極散戶規畫的投資服務，以網路（每天）及刊物（每月、每季）的形式，規律地發布有效投資不可或缺的可靠詳盡數據變化。
6. 基於本書完備性，部分書中觀點與《祖魯法則》重複；但我對成長股的其餘新近思維，則超越了《祖魯法則》。

2
成長股的優點

發掘成長股的價值像是一道雙重保險：短期有來自修正價值異常的利得，長期有盈餘成長的複利效應。

投資的三條途徑

投資的方式「百百款」，沒有哪一個天生穩操勝算，或不值一哂。至於我，一向大力向投資人推銷「聚焦」一樣就好的觀念。這麼做成長速度更快，用不著幾年就會晉升為該領域的「專家」。

投資主要分三條途徑：

1. **成長股**

   篩選前途似錦的成長性個股，再靠著「複利效應」，坐收每股盈餘（EPS）步步高升的好處。

2. **資產股**

   買進價格低於本業價值的公司股票，並以資產淨值為判斷標準，再極端一點，可以看流動資產淨值。

3. **技術分析**

依據價格動向、動能或走勢買賣股票，不去管標的公司的財務基本面。

成長投資和價值投資通常有所區別。「價值」一詞通常指的是資產淨值折價（discount to net assets），但這樣不免過於簡化。像我自詡為成長投資人，但事實上我用的是「砂中淘金」的技巧，也就是從看上的成長股行列之中發掘出價值，只不過我的衡量方式不同於傳統的價值投資人。後續我會深入講解自己如何計算股票的價值，不過在這時點姑且可以說，我找出價值的方法是評比成長性堪比股票的本益比（PER），並瞄準本益比相較其他股票或市場平均值「矮上一截」的標的。若其他條件不變，本益比相對公司成長率越低，越值得我關注。

用這個方法也比較保險的道理在於，如果市場未過度預期，那麼就不太可能失望。發掘成長股的價值像是一道雙重保險：短期有來自修正價值異常的利得，長期有盈餘成長的複利效應。

而投資潛在資產淨值折價的股票，長期來看可能獲利，不過也可能起伏相當大，因為股價上漲與否往往取決於新任或接管的管理者，兩者都可能使紅盤遙遙無期，相當耗時。況且，從投資的租稅效率來看，價值股也比不上成長股。一旦股價漲回資產淨值，價值投資人大多會獲利了結，而獲利實現勢必衍生稅負，總之終究逃不過政府的五指山。

相反地，投資人對於表現優異的成長股，持有意願一般來說比價值股來得大；只要不出脫持股，延後的稅金像是政府慨允的無息貸款。租稅考量加上投資的雙重開關，雙雙給投資人聚焦成長股的好理由。除此之外，脫手了結長期以來的暴利也是，譬如以下的成長股案例。

可口可樂

可口可樂1919年的流通價格是每股40美元，但一年後因糖價劇烈波動，跌到20元。自此以後，還發生1929、1974、1987年的市場崩盤、數場戰爭及景氣衰退等。然而即使幾度滄桑，可口可樂卻依舊頭也不回地成長。時至1996年，當初的40元，隨著錢滾錢，如今價值400萬元。

出色的投資典範

如果成長投資人聽了安・史柴伯（Anne Scheiber）的故事，心情也會為之振奮。安從美國國稅局退休後，1944年在股市中投資5,000美元；而當1995年她以101歲高齡過世時，當初的5,000美元已膨脹為2,200萬美元的遺產。

她的經理人說，安聚焦於績優連鎖企業的龍頭股，像可口可樂和先靈葆雅（Schering-Plough）。她也不怎麼進出，獲利都從平均超過18%的年複利而來。

美國比起其他地方，多出不少績優連鎖企業，這一項競爭優勢後續會再說明。美國本土市場遠大於英國，像麥當勞、可口可樂、迪士尼、微軟等出色品牌，如今已聞名世界各地。投資人對於這類企業，儘可「放長線釣大魚」。

英國就看不到如此好景：本土市場小很多，以致許多國內企業快速來到成長飽和點。話雖如此，英國若干精兵企業表現向來亮眼。例如能多潔（Rentokil）就是一支好得出奇的成長股，二十三年前投資1萬英鎊現在會值82萬英鎊；同期間瑞卡爾電子（Racal）表現更佳，會替你賺回150萬英鎊，這還沒把沃達豐（Vodafone）和巧柏（Chubb）等子公司分割出去時收回的股份算在內。這兩個例子的持股期間還收到豐厚的股利，如果適當再投資，便能大大提升總報酬。

若想到來不及搭上能多潔或瑞卡爾的金車，這些投資人可能會浮現「萬事皆休」的心情。不過用不著絕望，剛嶄露頭角的公司很多，其中有些日後很有機會躍居大位。

成長股應為投資主力

可口可樂股價的演進、安·史柴伯的創富情節，或能多潔跟瑞卡爾的英式個案，皆顯示長期投資成長股的巨大效應，安的經歷也說明複利的威力。18%的平均年報酬，有的人可能覺得還好，但安的5,000元本金以此報酬率每四年便翻上一倍，四十年累積下來的數字非常可觀。

基於上述的道理，我鼓勵讀者將成長股納入投資主力，除了坐收無限潛力外，若能注意幾個地方，下跌風險也能減到最少。

瑞卡爾電子股價：1973年6月至1996年6月

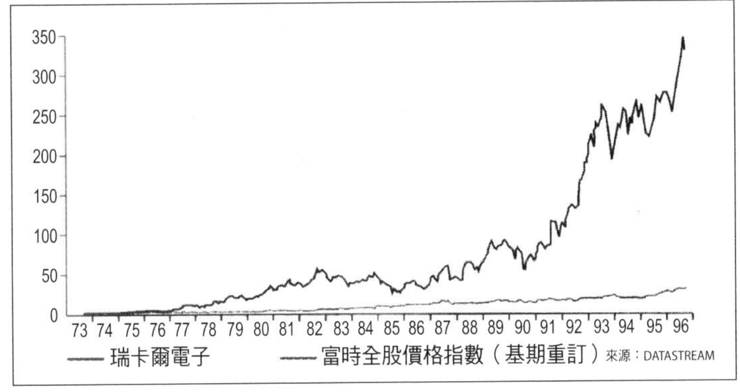

本書旨在宣揚成長股和及其美好的潛力，但我接續闡述的選股方法也將帶來許多影響。技術分析、基本分析如現金流量等，連同其他如董事買股等要素，均一同構成本書的強大投資法則。

大盤的憂慮之牆

講座上我最常被問的題目是：「你對接下來的盤勢怎麼看？」對此我總是浮現J. P. 摩根跟電梯小弟的對話。那年輕人等了一年，終於碰到跟摩根本人在電梯獨處的機會，於是問眼前的這位大人物：「先生，請問您方便告訴我大盤今天的走勢嗎？」摩根想了一下，回答他：「會震盪，小子。會震盪。」

他的意思是大盤要漲或要跌，**誰會知道**。多頭面前總有一堵「憂慮之牆」，也就是說，盤中投資人通常相當焦慮；相反地，根據葛蘭碧（Joe Granville）的說法，空頭一般卻都會選在「大家安心入眠」之際來襲。

要研讀大盤的走勢，有幾個可用的指標，第十四章會專門介紹。在這之前，牢記一件事，投資成長股，選股遠比擇時重要。

選股比擇時關鍵

幾年前，我讀到一篇CDA Weisenberger支持選股論的有趣研究。主角是二位天賦異稟的投資人，投資人A進出時點完美，投資人B向來押對類股。1980年3月31日，二人各投資1,000元，到了1992年9月30日，A精準看中九個波段，他的1,000元變成14,650元。

反觀全壓領先類股的B，投資卻從1,000元變62,640元。做為參考，同期同金額的S&P 500成長將近6,030元；A跟B雖然都交出驚人的績效，仍能清楚鑑別選股跟擇時的效應。

1919年以來，英國股市年報酬穩定地以6%以上的差距，領先存款利率。現金這項資產，多數年度都貶值，反之，選對成長股將會是最有價值的資產，增值幅度遠超出通膨。本書主旨是指點散戶如何看中、選對成長股，以及確保散戶如何買在最誘人的價格，並獲得最豐厚的報酬。一旦散戶對他們的選股能力分析更有自信，也比較不會因特殊市況而摸不著頭緒。

▶▶▶ 重點摘要

1. 成長股是絕佳的聚焦投資主力，藉此搭配貴精不貴多的祖魯法則，將相對與他人來得專業。
2. 正確選股加上複利效應，未來的資本利得將十分可觀。
3. 「安全邊際」可以建立在，買進本益比相較於每股盈餘預測成長率要來得低的成長股。
4. 不獲利了結沒什麼不好，而且滿足租稅效率。
5. 時間盡量少花在研判整體盤勢。投資講求一板一眼，而且選股遠比擇時關鍵。

3
貨真價實的成長股要件

成長股的分類條件，是每股盈餘連續四年皆成長，無論數據是來自歷史、預測或合併計算。

「成長」一詞是形容有能耐連年讓每股盈餘漲幅高於平均值的企業股票。雖然互相併購是常見於擴張企業的行為，但**「組織從內部成長」**的能力，才是成長企業被相中的特徵。每股盈餘成長與股價成長，二者像一對雙胞胎，關係天生異常緊密。

可想而知，成長股偶爾也會傳出每股盈餘不佳的利空，畢竟只要是企業，或多或少都跟景氣循環連動；即使表現最優異的成長股，也難逃大環境的波及，不過差別是下場比典型的景氣循環股好很多。

經濟因素下，最無遠弗屆的單一影響是利率，包括「價位」和「趨勢」。景氣高度連動的股票，通常樂見正常來說會提振景氣的降息；但相反地，許多景氣循環股的獲利能力，卻可能會被升

每股盈餘成長與股價成長，二者像一對雙胞胎

息嚴重推累。然而景氣的短期震盪，對成長股來說麻煩較小。

選對類股帶你上天堂

由上可知，景氣連動最牢固的產業，如營建、建材、建商、紙業、包裝、印務、工程等，很少出現成長企業；景氣出問題，汽車經銷商、鋼鐵廠也會「挫咧等」，而且通常是升息最先殃及的對象。有的在蕭條期間面臨鉅額虧損，且不一定能撐到下次回春。

相較之下，我最愛從製藥、醫療保健、媒體、支援服務、其他金融業、釀造廠、酒店餐廳、一般零售等類股中，尋找成長股的蹤影。除此以外的產業偶爾能找到，不過機率太小無異於碰運氣，工程類股的豪邁（Halma）和Druck，及製造工程車輛的第一科技（First Technology），是少數的例外。

造船、汽車、工具機的製造商，現已難以抗衡支援服務及媒體等產業，前者當中很多憑著電腦科技一飛沖天，後者則受惠於電視爆炸性成長與先前分開作業的計算與通訊技術匯流。至於藥廠，現在做小蘇打的廠商已經落伍，投資人看中的是研發下一代產品的廠商，像愛滋病、B型肝炎、癌症、關節炎的藥物等。同樣地，生產記事本等的文具廠商也不如製造掌上電腦的Psion獲投資人青睞。

零售業顯然也跟景氣連動，不過當中有些成長股，即使在大環境最不好的時候，仍持續有所表現。原因多跟再現本身行為的能耐有關，也就是複製開店的成功模式，再到全國各地拓點、展店。在拓展的階段，每股盈餘成長通常格外地好，直到飽和為止。接下來，他們會面臨多角化或海外市場的吸引，但下場常常不怎麼樣。

從下頁圖中不難看出，長期而言，具前瞻性的產業績效表現凌駕高度景氣連動的類股。圖中顯示特定類股十五年期間落差頗大的績效表現。

然而製藥或醫療保健類股，容易催生強勢的成長股，背後另有重要原因。很多時候，藥廠競爭優勢來自握有專利保護且全球矚目的藥物。其他成長股，像馬莎百貨（Marks & Spencer）跟Next，是屬品牌形象受惠的企業；有些則是政府特許，像在電視

富時全股一類股績效表現：1981年中至1996年中

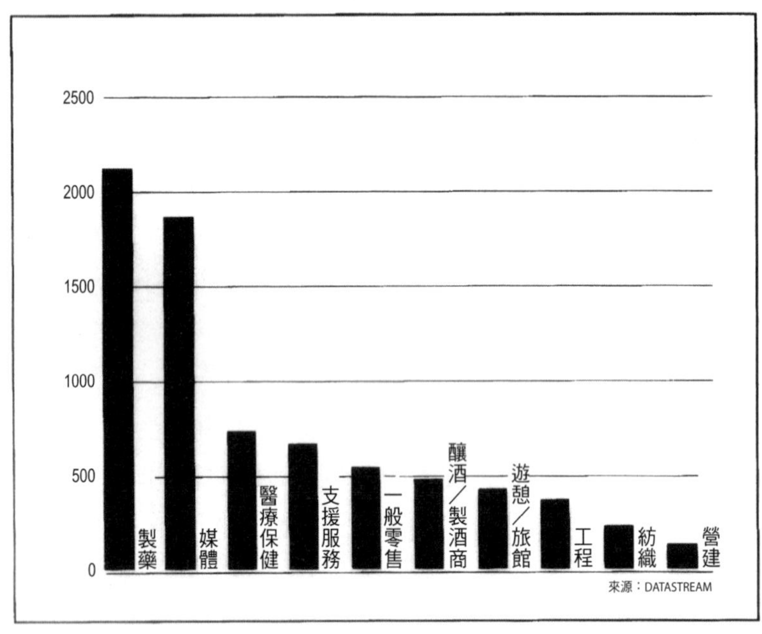

的行業。掌握競爭優勢是一項重要投資因素，我會在第九章專門說明，現階段我無意深入。理由是本書的方法，是先計算股票背後冷酷的數字，再觸及較無形的特質。假設本益比、每股盈餘成長、現金流量合乎標準，接著再確認數據背後存在的競爭優勢，這順序不能被顛倒。

簡言之，這麼記就對了：類股是企業有沒有能耐躋身A+成長股的關鍵評判因素。

經營面之重要性

用不著多說，經營者的才幹，尤其是執行長，顯然是一家成長企業從A到A+的決定因素。只是問題出在，很抱歉，比起觀察每股盈餘的增長，評判管理能力更顯得十分困難。「知人之明」是一項少見的天賦，因此所託非人可說司空見慣。就我個人而言，「數據」比較靠得住，不過第八章仍會探討評判經營面的問題，畢竟投資決策一定少不了這一塊。

每股盈餘成長

回到衡量和檢驗可行性，成長股的精髓是年復一年交出更高的每股盈餘。搜尋的第一步，是逐一篩選個股的財務數據，特別是本身看好的類股，把可能清單縮小到剩下有明確的每股盈餘成長記錄，而且後市看好的標的。至此，可繼續第二步，也就是判斷剩下清單的股價划不划算。競爭優勢或經營者先不管，把管理層級至今的績效，以及市場對後續二年績效的看法攤開來看，再比對自己原本的看法，並修正出入之處，如此有助於評判這支股票值不值得持有。

1996年初甫開市，當年度市場平均每股盈餘成長率的預測是落在10%左右；往年一般企業的預測數字則是每年成長12%或稍高。可見，預測值設15%是在平均水準之上，當作不可讓步的底線相當合理，這數字並無不妥，而且依照此預測值，五年後每股盈餘就能翻倍。

成長股的條件

設計REFS期間，我們得要訂出企業列入成長股的績效要件。我們很清楚若條件太苛，會錯過某些只缺臨門一腳，或正迎向經營轉機的成長企業。顯然必須在用盡方法以前，將成長股找出來。

我們決定，成長股的分類條件，是每股盈餘連續四年皆成長，**無論數據是來自歷史、預測或合併計算**。這麼一來，過去兩年皆成長的企業，如果預測接下來兩年仍將持續成長，也算及格。此外還必須滿足特定條件：

- 過去五年必須年年獲利，不得虧損。
- 如果成長四年之前出現一年利空，則至今六年期間的標準化每股盈餘，必須創下或預期創下新高。
- 房地產類股全數不列入，資產股比成長股更適合這產業。
- 必須有券商發布預測。
- 高度景氣連動的營建、建材、建商類股，還有汽車經銷商等子部門，還是必須滿足標準的成長條件；此外最近五年的結算數字，也不許出現虧損或調降每股盈餘。最後這條件排除這些類股中的大多數股票，餘下堪稱貨真價實的成長股。

可見，REFS並非隨便就讓企業當上成長股。1996年初，五十支富時100、九十支中型股250、一百六十支小型股指數的成分股，繳出合格分數。綜觀富時全股指數的三大成分指數，REFS成長企業只有三百家左右，不到一半。至於微型股指數，扣除投資信託，則約剩七百家企業，因成分股中有許多屬於退步的衰弱企業，REFS目前將其中六十家歸為「成長」企業；這指數同時有菜鳥和大量傷兵出沒。

我們在設計REFS時，花了很多時間微調「成長」的定義，想要確認只有潛在回報最被看好的股票，方可獲得我花了三年時間研發，現已是我投資分析基本工具，並取名為「本益成長比」的頭銜資格。本益成長比衡量股價和盈餘成長率的相對值，我在下兩章會更詳細講解，現在姑且說，真材實料的成長型企業才有資格冠上本益成長比的頭銜。

最後提醒，REFS沒有用到前面我提到每股盈餘成長的15%底線。REFS找的只有交出四年每股盈餘成長數字的企業，**差強人意也算數**。一家企業即使每股成長盈餘增加0.1%，也能續占REFS的成長分類。所以我建議讀者習慣研讀五年獲利明細，有的股票可能就差一點即可沾上本益成長比的邊，此時要是其他條件都達成了，即使跟REFS規則略有出入亦無妨，將其認定為本益成長比並非不妥。.

▶▶▶ 重點摘要

1. 成長型企業的每股盈餘成長幅度，具備年復一年高於大盤平均的能耐。
2. 多數成長型企業出身支援服務、製藥、醫療保健、媒體、電子電機設備、釀造、酒店餐廳、一般零售等「新世代」類股。
3. 凡是企業都幾乎或多或少跟景氣連動。但高度景氣連動的行業，不太可能成為好的成長型企業。
4. 競爭優勢，像穩固的經營特許、專利、品牌……經常是成長型企業的主要特徵。
5. 企業再現一項行為的能耐，像店面、餐廳、安養院，或室內球場的拓點，或在全國各地展店（及伺機跨足海外），可帶來卓越的每股盈餘成長。
6. 經營者的才幹是買進成長股的研判依據，但評判的難度很高，不妨先從數據著手。
7. 可試圖搜尋每股盈餘每年至少上漲15%的企業。若遇到大環境不好的年度，可以不計較輕度利空；但鎖定每五年每股盈餘會翻倍的15%標準鐵定沒錯。
8. REFS定義的成長型企業如前小節所述。1996年初，約有五十支富時100、九十支中型股250，和一百六十支小型股符合資格；微型股則僅有六十支。

9. REFS只有成長股可望通過「本益成長比」，下兩章會詳細解說這方法。

4
本益成長比

買進低本益成長比股票的好處，在於兼顧一般低風險投資才有的安全要件，又不致損及成長股早段的上漲潛能。

投資人用本益比衡量時，看的是日後成長值得開價多少，以及過去其他投資人付出多少代價（例如每股盈餘的多少倍）。本益比雖是單一面向的量值，但毫無疑問地，是最廣為用來評判股價划算程度的指標。不過在我看來，一家企業的本益比與預期每股盈餘成長率的關係，意義則遠遠高出許多，我稱之為本益成長比。就我所知，本益成長比是頭一個系統性分析這項重要關係的方法，而且我有信心，這是一個絕佳的投資工具。

計算本益成長比時，是把股票的預估本益比，除以估計未來每股盈餘成長率。例如一家每年成長12%的企業，預估本益比為12，本益成長比就等於1.0（12除以12）。如果成長性更看好，來到24%，本益成長比便等於0.5（12除以24），但若前景不佳，只剩下6%，本益成長比則是2.0（12除以6）。

本益成長比高於1的股票通常不需要關注；而本益成長比落在1左右則可以考慮；若低於1很多，才值得下功夫檢視一番，思考是否適合出手買進。1996年初，大盤的本益成長比平均落在1.5左右，而上一輪多頭差不多是1.0；不過這平均本益成長比的歷史高點，則可能暗示多頭走到尾聲。但我要是看見本益成長比為0.75或更低的潛力股，還是會開心又謹慎地繼續進場，不過我不會買大盤，1.5的本益成長比對我來說難以下嚥。

本益成長比只適用於成長股。即使很多景氣循環企業的每股盈餘躍升，大多皆只是回到或更邁向過往的水準。本益成長比的概念被用在這樣的每股盈餘增長上，只會得出奇怪且無意義的數據。

買進低本益成長比股票的好處，在於兼顧一般低風險投資才有的安全要件，又不致損及成長股早段的上漲潛能。買進一支本益成長比為0.5，本益比為12，每年預期每股盈餘成長24%的股票，隔年即使交出差強人意的利潤，但由於評價倍數低，相較原始預測和大盤來說已算廉價，股價也不至於大跌。

換成上漲的部分，故事就精彩多了。假設購入時每股盈餘為10元，股價為120元，本益比便為12。若試想最保守、預測勉強達標的情境，即每股盈餘增長24%，從10元漲為12.4元。如此一來，在12倍本益比下，股價會上漲24%，來到148.8元（12 × 12.4）。不僅如此，市場屆時很有可能發現這檔股票被低估，投資人也開始意識到本益比不該只有這樣，以致於發布業績的當週，本益比輕鬆攀上18倍。儘管如此，相較於成長率，股價仍屬划算。

據此，股價會漲到223.2元（18 × 12.4），對照當初120元的買價，便足足賺了103.2元，其中每股盈餘增長的利得僅28.8元（12 × 2.4），其他74.4元要歸功本益比的**市況改變**。持有低本益成長比股的投資人心中念茲在茲的，就是這市況改變的機會。

低本益成長比最適合搭配本益比落在12到20，及每股盈餘成長率介於15%到25%之間的股票；有些最棒的交易則發生在年成長25%、本益比15倍，也就是本益成長比為0.6的標的。話說回來，雖然成長率50%而本益比30倍的股票本益成長比也是0.6，但差別是50%的增長率不太可能長期出現。

一碼歸一碼

本益成長比是一個校正量數，用來比較每家公司對照大盤及其他企業的相對青睞度，並精準地指出修正。本益成長比也是對成長股清單精挑細選的濾網，挑揀出少數的可用之兵。本益成長比值訂得越低，表示濾孔做得越小，越少企業能通過標準。

比較本益成長比這件事要變得有意義，重點是用來計算的數據（股票的本益比和成長率），區間範圍必須**分毫不差**。拿一間會計年度訂在3月的企業成長率數據，跟另一間訂在12月底的比，有什麼意思呢？理由很簡單，商業跟經濟環境瞬息萬變，事隔一週情況就大為不同，何況三個月。將企業的數據盡數調整為共同的基準，做出來的結果比較不僅更有力，而且也可常保靈活機動。

試想一個十八個月大幼兒的母親A，跟另一個九個月大幼兒的母親B，聚在一起比較孩子的成長。A對B說，自己的小孩剛學會一首童謠，但B的小孩做不到，跟發展遲緩一點關係也沒有。比較幼兒**相對**發展的唯一方式，是觀察兩名幼童在同一年齡的舉動。投資的道理也一樣：比較數字的區間必須完全吻合。

十二個月移動窗口

為了滿足這項前提，REFS彙報的統計數據，包括股利收益率、本益比、成長率、本益成長比等，皆採用**十二個月移動窗口**的方式。為了方便理解起見，試想有一家A公司在12月底結算，顯然，1996年1月1日當天，要對A公司做一年後的發展預測，指的是到1996年12月31日當天之前一整年的數據；同理，1997年1月1日的預測指的是1997年12月31日之前一整年的數據。但是問題來了，要如何在1996年3月1日評估A公司屆時一年期的預測？有大部分會用到1996年的估計，而小部分有賴1997年補充；精準地說，1996年的估計占10/12，1997年則占2/12。

假設A公司屆時股價是200元計算：

	每股盈餘	本益比	每股盈餘成長 %	本益成長比	股利	收益 %
截至1996年底	10	20.0	25*	0.80	5	3.13
截至1997年底	15	13.3	50	0.27	7	4.38

*依1995年底的年度每股盈餘估算。

那麼1996年3月1日那天，十二個月的每股盈餘預測數字算法如下：

$(10 \times 10/12) + (15 \times 2/12) = 10.83$元

計算本益比，只要把股價200元除以十二個月移動窗口的每股盈餘數字10.83，即可算出前瞻本益比為18.5。

計算未來的本益比成長率又分二步驟。步驟一，要訂出1996年3月1日**前**十二個月的每股盈餘，算法如下：

$(8 \times 10/12) + (10 \times 2/12) = 8.33$元

8元是1995年底的歷史每股盈餘，1996年3月1日前的十二個月期間，有10個月是參照這個數字，剩餘二個月用1996年的預測數字10元，合起來就是1996年3月1日前一整年的每股盈餘。

步驟二，是估算1996年3月1日**後**十二個月的每股盈餘成長率，算法如下：

(10.83 – 8.33) ÷ 8.33 × 100% = 30%

計算前瞻本益成長比的方式，便是把前瞻本益比18.5除以前瞻成長率30%，即可得出0.62的數字。

計算前瞻股利的方式也跟每股盈餘一樣：10/12用1996年的預測數字5元，加上2/12的1997年預測7元，得出5.33元。

計算股利收益率，則必須在5.33元的數字上，加回適用的基本稅率，目前是20%，再把算得的6.66元，除以股價200元，得出前瞻收益率3.33%。

十二個月移動窗口的前瞻數據，就像下表（截至1997年2月28日）：

每股盈餘	本益比	每股盈餘成長%	本益成長比	股利	收益%
10.83	18.5	30	0.62	5.33	3.33

有了這些數據，成長股的投資人才能放心把A公司跟其他2月底結算或於同日以同理估算的股票放在一起比較。REFS訂戶可以免去計算的麻煩，每個月（TOPIC是每天）收到的重要企業數據會通通算出來。下面是1996年6月期的範例：

	GRANADA	ASDA	馬莎百貨
股價（NMS 25）1996.06.03	829p	118p	462p
市值	£7,027m	£3,438m	£13,007m
排名	30th	60th	10th
指數	FT-SE 100	FT-SE 100	FT-SE 100
常態化每股盈餘（前瞻）	48.3p	8.26p	26.9p
營業額（95年報）	£2,381m	£5,285m	£7,232m
税前（95年報）	£351m	£257m	£966m
	m s	m s	m s
股利收益（前瞻）	% 2.12	% 3.18	% 3.44
本益比（前瞻）	x 17.2	x 14.2	x 17.2
本益成長（前瞻）	f 0.91	f 1.01	f 1.90
成長率（前瞻）	% 18.9	% 14.1	% 9.02
資本使用回報率	% 34.0	% 13.5	% 21.0
毛利	%15.7	% 4.75	% 13.1
槓桿	%64.1	%28.4	%1.74
股價淨值比	x 15.1	x 2.29	x 3.48
股價有形淨值比	x 15.1	x 2.29	x 3.48
股價現金流量比	x 14.6	x 10.3	x 19.4
股價營收比	x 2.03	x 0.64	x 1.89
股價研發比	x na	x na	x na
每股淨資產（95年報）	54.8p	51.4p	133p
每股淨現金（95年報）	14.0p	na	16.5p

黑圓圈顯示一家公司的數據跟大盤（m）和類股（s）平均的比較，顏色越黑越好。其餘的重要成長數據，第九章將會更完整介紹。

十二個月移動窗口還有另一項優點。快速崛起的企業，歷史本益比通常很高，單看過往的數據，可能會使投資人打退堂鼓。例如一家每年複合成長率50%，而且預測還會延續數年的企業，在1996年3月底，它的歷史本益比可能高達30倍，比起大盤算是非常高；不過1997年3月底的前瞻本益比，考量期間的50%成長率，將掉到20倍；1998年3月底甚至僅剩13.3倍。但REFS在1997年1月1日會顯示未來一年的移動本益比，算法是1997年3月底的本益比占3/12，1998年3月底的本益比占9/12，然後相加。因此REFS會得出較平實的15倍前瞻本益比，加上50%的成長率，得出本益成長比僅有0.3，顯然會是筆好交易。

投資人可藉由REFS的估算，得以看穿驚人的前瞻成長性背後真相。此外無論比較的任何標的，都是站在相同的立足點。在REFS眼中，一碼就是一碼。

無疑地，十二個月移動窗口這個方法，肯定有助迅速相中出奇划算的交易，尤其在每股盈餘成長率出眾的公司。但奇怪的是，採用類似前瞻數據的卻僅有REFS一家。我多次為散戶或法人做簡報，反應無不是一面倒地盛讚此方法。既然台下聽眾都覺得很有道理，所以我一直納悶十二個月移動窗口為何尚未躋身基本配備。話說回來，機構的抗拒心理也給我一個啟示：越多人沿用老舊方法，表示反常仍在，也就不缺投資機會。

檢查預測效度

靠估算的數值評比企業，得非常仰賴法人預測的精準度。歷史績效雖然是過去的記錄，但至少呈現出事實真相；反觀預測的數字，頂多不過是「用力猜」。美國電影大亨山姆．高爾溫（Samuel Goldwyn）如是說：「涉及未來的預測特別危險。」

有幾個簡單的法子可以避免誤上賊船。首先，拿出企業年報或期中財報，找出該董事長對前景的說法；再查閱報紙上的股東大會動態或媒體訪談。REFS的企業記錄往往都會附帶幾則從近期財報衍生出的董事長觀點。篇章之中的語氣和調性，通常跟遣詞用字一樣重要。

傑弗瑞．霍姆斯（Geoffrey Holmes）與艾倫．蘇格登（Alan Sugden）在著作《解讀公司財報科目》（*Interpreting Company Reports and Accounts*）中，以一家跨足各種產業，名為多角控股的企業為例，提出如何從董事長對當前大環境的看法，估算公司的年度利潤：

活動	大環境	董事長評論	前一年度*	報導年度*	當年度估計*
建築	持續蕭條	免不了進一步探底	1.0	0.8	0.5-0.6
紙業	景氣循環好轉	顯然改善	2.2	1.8	2.4-2.8
出版	少數成長的行業	持續進步	1.0	1.2	1.4-1.5
塑膠射出	需求看淡	市占提高但毛利較低	0.6	0.75	0.6-0.8
放款	降息2%	流動性可望改善	-0.8	-1.0	-0.8
		稅前加總	**4.0**	**3.55**	**4.1-4.9**

*百萬英鎊

兩位作者還提醒一定要留意轉虧為盈的標的（通常是好兆頭）、並參考董事長的發言記錄（判斷今年的準確性），而且對於含糊之詞，像「突發的困境」等，要特別當心。

發放／預測股利的多寡，是另一個有用指標。假如本來連年調升的股利突然停滯，很可能是預見關卡的前兆；相反地，股利成長率若呈現跳躍式增長，顯然後市看好。

其他的指標涵義可能較為廣泛。例如每月發布的銷量趨勢，除了點出零售商預測的可信度，也牽涉競爭對手的表現。你可能對這則新聞報導有印象，由於英國政府拒絕司法引渡或其他爭議，引發某國政府不滿，導致重大投標案因而生變，凡是高度依存兩國通商的英商，也連帶都受到波及。

如同艾森豪將軍為了進擊被德國占領的歐洲，研判恰當的時機和地點，投資人也必須記下用來拼湊一切的線索和情報；監視每一檔持股，對於支撐股價的法人預測，尤其不可疏忽。

法人共同預測

法人共同預測的資料細項，會揭示在《估計目錄》（*The Estimate Directory*）之類的月刊上；目前REFS每個月也有揭露，是重要的企業整體財務狀況單元。

下面是1996年6月Medeva的REFS摘錄：

Medeva法人共同預測，1996年6月								
			1996年估計			1997年估計		
法人	日期	建議	稅前	每股盈餘	每股股和	稅前	每股盈餘	每股股和
大和歐洲	1995.03.31	加碼 r	83.0r	17.4r	4.20r			
富林明	1995.07.27	持有	95.0	18.7	4.60	105	21.8	5.10
日興歐洲	1996.01.17	持有–	96.8+	19.7–	4.60	104	21.4	5.00
BZW	1996.02.20	買進	90.4	19.5	4.50	106	22.9	5.27
瑞銀	1996.02.20	買進	90.0	18.5+	4.80	100	20.5	5.50
Williams de Broe	1996.02.28	買進	90.0–	19.2–	4.50–	100	20.3	5.00
美林	1996.02.29	布局–	99.5–	20.8–	4.90+	120	25.1	5.90
國民西敏寺證券	1996.2.29	減碼	94.0	19.6	4.70	103	21.3	5.10
雷曼兄弟	1996.03.06	大盤之上	89.9	18.8	4.60	102	21.4	
Panmure Gordon	1996.03.15	買進	95.0	19.7	4.50–	110	22.8	5.00
HSBC James Capel	1996.03.18	持有	95.0+	19.2+	4.80+	103–	20.1–	5.50+
SBC Warburg	1996.03.21	持有	89.0+	18.9+	4.70–	112+	23.3+	5.50+
SGST	1996.03.25	持有／買進	88.5–	18.0–	4.40–	100	20.0	4.90
所羅門	1996.04.09	持有	94.0	18.8	4.70	115	22.0	5.40
里昂信貸	1996.04.11	買進	94.0	19.0	4.80	103	20.8	5.50
Greig Middleton	1996.04.15	買進	88.0–	18.4–	4.50–	97.0	20.2	5.10
	共識：相對買進		**92.4**	**19.2**	**4.59**	**103**	**21.2**	**5.27**
	一個月變化		+0.09	+0.08	–0.05	–2.21	-0.41	-0.01
	三個月變化		–1.74	–0.42	–0.29	–3.21	-0.80	-0.06

判讀法人共同預測，有幾點要特別注意：

1. 共同預測的可靠度（連帶反映到本益成長比），顯然跟報導的法人家數（五家或更多），還有預測分布集中度成正比。據此，Medeva有十六家法人預測，可說十分保險。不過要留意「跟班效應」，意思是第一流的法人，對擅長行業先做出完備的預測後，名氣較小的分析師很可能會趁機有樣學樣，占點便宜。
2. 上市公司的關係法人會特別顯示在「展望」說明上方的面板。我會多加留意關係法人做的預測，以Medeva的例子來說，較持保留態度的是大名鼎鼎的BZW和Panmure Gordon。關係法人理當握有相當情報，且較不可能冒著使上市公司丟臉的風險，而提出過於樂觀的預測。
3. 法人的預測日期意義重大，被事件、實績或營利警訊追上的預測，應予以剔除，其餘按時間遠近加權求出共識。
4. 所有法人的買進、持有、賣出、超越績效、加碼、布局、減碼推薦等等動作，反映出一檔股票的聲勢，如前表Medeva的共識是「相對買進」。REFS表達共識形成的範圍包含：

強力買進	相對買進／持有	相對賣出
買進	持有	賣出
相對買進	相對賣出／持有	強力賣出

5. 加號及減號表示特定預測項從前次上升或下降；未標號表示預測項維持原樣，或屬全新的預測。
6. 最下列顯示一個月和三個月的整體變化，暗示消息動態維持樂觀，或漸趨負面，小心別漏看了。
7. 關於每股盈餘數字，要小心稅率的變異。一家正由虧轉盈的企業，遞轉後期的課稅損失，也許一年左右就會用罄，屆時得開始繳全額稅款，每股盈餘便隨之減少。即使下一年的每股稅前淨利提升，假設20%好了，但會被所得稅費用拖累；所以最好留意稅前的淨利和每股盈餘，且需再次檢核表列的七年歷史和預測稅率。

法人更新預測的時程往往很慢，讀者可參考股價和大盤的相對強弱，提早掌握企業狀況好壞的前兆。這部分在第七章〈相對強弱〉和第十五章〈投資組合管理〉的內容會更完整。

然而，法人的共通預測一定免不了會有偏誤的風險。投資人唯有詳讀REFS的法人預測與推薦、董事長聲明、媒體消息發布，並留意業界背景的綜合報導，才能將風險降至可承受的幅度。

▶▶▶ 重點摘要

1. 本益比是單一面向的量值，而本益成長比的情報力更佳，更能指出一家企業的本益比與預期每股盈餘成長率的關係。
2. 本益成長比的算法是把企業的前瞻本益比，除以估算的未來每股盈餘成長率。前瞻本益比跟成長率應採十二個月移動窗口的算法。
3. 1996年初市場的平均本益成長比約是1.5；因此個股若本益成長比逾1.5便不值得注意，介於1.0到1.5差強人意，低於1.0可多注意。
4. REFS只會對成長股冠上本益成長比的稱號，條件是連四年成長，歷史、預測或併計皆可；還必須滿足第三章所提的條件。
5. 低本益成長比最適合用在12到20倍本益比、每股盈餘年成長率介於15%到30%的標的。
6. 低本益成長比的股票揉合了進取與保險。進取的源頭是本益比的市況，通常嘉惠股價的程度大於每股盈餘。保險的來源是對每股盈餘成長率微幅利空的容忍度，例如一檔股票交出20%的每股盈餘成長，落後預期的25%，對照先前的倍數（如15倍）仍屬廉價。
7. 成長股要先化為同一基準才能互相比較。十二個月移動窗口的數據（本益比、本益成長比、成長率、股利收益率）表示方式，既滿足這項前提，還符合時效和機動性。

8. 若不想被法人預測誤導，便需反覆檢核企業年報和期中財報，找出董事長對前景的說法，也需一併檢查報紙和REFS的企業新聞動態。其他指標包含股利多寡、業界銷量的普遍趨勢（尤其是零售商），以及其他可能嘉惠或不利標的企業的重大形勢發展。
9. 可能的話，也一併檢查各家法人的個別預測。REFS有提供。若有許多報導企業的法人家數，加上預測分布集中，是一項保障。此外也要留意出自關係法人以及較新近的預測。觀察預測修正，特別是如果新聞動態轉為負面時。
10. 留意每年的企業課稅情形，有的成長股會因某年每股盈餘被稅金吃掉而淪為遺珠。

5
本益成長比的優勢

即使低本益成長比法則沒應驗，輸給大盤的幅度也可說微不足道。

低本益成長比如何凌駕大盤

REFS長時間建立的數據，足以驗證低本益成長比在投資方法實務上的表現。下表指出六個月期區間中的八段績效，樣本期間介於1995年9月至1996年4月。

本益成長比低於0.6的個股表現如何屢屢凌駕大盤				
1995.09.30為止的樣本				
富時指數	市場績效	低本益成長比表現	合格樣本數	低本益成長比的勝差%
富時100	12.0	20.0	3	66.7
中型250	15.2	12.4	13	-18.6
小型股	14.9	29.7	25	99.1
全股	13.0	23.5	41	80.8
1995.10.31為止的樣本				
富時100	8.8	13.7	6	55.3
中型250	10.0	8.8	13	-11.9
小型股	10.2	28.9	23	183.1
全股	9.1	20.5	42	125.3

本益成長比低於0.6的個股表現如何屢屢凌駕大盤（續）				
1995.11.30為止的樣本				
富時指數	市場績效	低本益成長比表現	合格樣本數	低本益成長比的勝差%
富時100	9.6	17.2	7	78.8
中型250	8.3	18.3	12	121.0
小型股	5.2	27.5	19	428.8
全股	9.0	22.7	38	152.2
1995.12.31為止的樣本				
富時100	11.3	23.6	3	108.5
中型250	12.1	20.2	15	67.1
小型股	5.7	32.0	25	458.5
全股	11.0	27.3	43	147.4
1996.01.30為止的樣本				
富時100	7.2	28.9	1	299.4
中型250	5.9	10.0	9	69.3
小型股	3.9	21.5	23	446.1
全股	6.7	18.6	33	176.8
1996.02.29為止的樣本				
富時100	5.1	30.4	2	498.0
中型250	7.3	5.5	6	–24.0
小型股	4.4	14.6	19	234.5
全股	5.5	13.7	27	151.7
1996.03.31為止的樣本				
富時100	5.6	29.2	2	419.2
中型250	9.3	10.1	4	8.9
小型股	6.4	33.2	13	419.6
全股	6.4	27.9	19	335.8
1996.04.30為止的樣本				
富時100	8.5	31.3	2	267.3
中型250	18.3	16.5	3	-9.9
小型股	15.0	22.4	18	49.4
全股	10.7	29.2	23	172.7

可見，這六個月期間的樣本盡數指出，本益成長比低於0.6的股票表現超出大盤一大截，平均漲幅22.9%；相較之下，整體大盤的漲幅僅8.9%。換言之，低本益成長比股票的漲幅約為大盤的2.5倍。

樣本長度取六個月期是因為從本益成長比改變現狀，並且反映到股價上，通常需費時六個月；另外六個月期的區間會跨越年度或期中的財報日，公司跟股價可趁機在世人面前揚眉吐氣。六個月結束後，可以重複此步驟，發掘下一位明日之星。正常來說，有些股票會一而再、再而三從名單上出線。

不過微型股指數的股票並不在樣本中，因為當中多數僅有一家券商在追蹤，並發布預測，而且很多欠缺市場性。這不代表投資人應該因此把微型類股列入拒絕往來戶，但肯定要多下功夫。

「微型」可能指新創、具潛力的企業，當然入列的例子包括Azlan Group和Pressac Holdings。不過記住一件事，微型類股也「收容」富時小型股等指數刷下來的股票。換言之，「微型」既象徵出生也象徵死亡。

理想而且備受期待的低本益成長比股票清單，是富時小型股指數和非指數的企業，這些標的一旦發行新股，往往是大好的契機。我的新歡JJB Sports正是一個好例子，它1994年11月的發行價是215英鎊，到1995年底已漲到620英鎊[1]；1996年1月，該公司更宣布比去年同期銷售（like-for-like sales）成長18%，整體營

1. 1996年中2:1分割前的水準。

收成長超過50%，毛利則微幅改善。即使歷經誇張的漲幅後，這支股票看來仍然勢頭不減。

而本益成長比法則在高市場性的富時100和中型250指數，表現也同樣優異。REFS將富時100到另類投資市場（AIM）[2]在內的各項指數，分別列出最低本益成長比成分股的清單。例如248英鎊的福泰（Forte）飯店，位居1995年10月富時100列表的首位，但在被格拉納達（Granada）買下前，本益成長低到只有0.52。下表列出低本益成長比企業在這二大指數的表現，其中檢驗了十三個六個月期的樣本。第一個截止日為1995年4月30日，最後一個為1996年4月30日。可見，本益成長比在0.75或以下的非循環股，表現相對指數特別突出。本益成長比的分界點從0.6提高到0.75，是反映二大指數的市場性，以及較受機構投資人青睞，因而預期評價較高的緣故。

根據六個月期的樣本檢定，富時100指數平均漲幅僅有9.53%，其中低本益成長比股漲了21.04%；中型250平均漲幅為9.56%，其中低本益成長比股漲了14.88%。

2. 另類投資市場（Alternative Investment Market, AIM），是倫敦證券交易所的第二板交易市場。

本益成長比績效對照表 富時100指數本益成長比不及0.75的成長型企業				
樣本期間截止日	樣本數	指數上漲 %	低本益成長比績效%	低本益成長比勝差%
1995.04.30	4	6.39	10.89	70.42
1995.05.31	6	9.23	7.54	-18.31
1995.06.30	5	8.12	6.31	-22.29
1995.07.31	7	15.26	25.79	69.00
1995.08.31	6	16.51	26.69	61.66
1995.09.30	3	12.18	17.74	45.65
1995.10.31	4	8.79	21.83	148.35
1995.11.30	7	9.64	24.46	153.73
1995.12.21	7	11.30	26.85	137.61
1996.01.31	4	7.21	28.03	288.77
1996.02.29	3	5.09	24.93	389.78
1996.03.31	2	5.63	29.23	429.18
1996.04.20	3	8.52	23.25	172.89
平均	5	9.53	21.04	147.42

本益成長比績效對照表 富時250中型股指數本益成長比不及0.75的成長型企業				
樣本期間截止日	樣本數	指數上漲%	低本益成長比績效%	低本益成長比勝差%
1995.04.30	20	0.83	1.41	69.88
1995.05.31	17	4.36	5.21	19.50
1995.06.30	20	2.80	8.55	205.36
1995.07.31	22	14.41	11.97	-16.93
1995.08.31	22	15.53	20.44	31.62
1995.09.30	24	15.16	14.73	-2.84
1995.10.31	22	10.01	12.25	22.38
1995.11.30	18	8.30	15.75	89.76
1995.12.21	20	12.08	16.61	37.50
1996.01.31	20	5.90	11.04	87.12
1996.02.29	19	7.29	27.07	271.33
1996.03.31	13	9.30	2.3.98	157.85
1996.04.20	16	18.28	24.43	33.64
平均數	19	9.56	14.88	77.40

好就好在，即使低本益成長比法則沒應驗，輸給大盤的幅度也可說微不足道。從富時100來看，表現最差的期間，是1995年6月30日前的六個月，當時指數上漲8.12%，低本益成長股只漲了6.31%；反觀在最好的區間，雙方差距是非常大的。例如1996年2月29日前六個月，富時100指數上漲5.09%，跟低本益成長股幾達25%的漲幅一比，可說小巫見大巫。在中型股250的檢定結果雖略遜一籌，但型態是一致的。

許多人對這結果感到相當意外；但我認為一點也不會。如果市場在1996年初看好本益比會有15，且預料接下來一年每股盈餘成長只有10%，則平均本益成長比便會是高檔的1.5。在我看來，在本益比平均15的條件下，壓在未來成長率20%，且本益成長比為0.75的標的，凌駕大盤可說順理成章。若非如此反而有鬼。

我有把握讀到這裡，讀者已經覺得自己穩賺不賠，不過繼續讀下去，先別急著篩選股票下單。我在後面會將論點提升一個檔次，並且引進其他篩選條件，指出如何讓績效更上一層。

因為根據前表的檢定結果，距離勝券在握還差非常遠，算是我在成書期間所做的驗證；檢定會持續做下去，並每月計算對照，過程中低本益成長比法則陷入低潮期，不及大盤或特定指數，是難免發生的情形。

低本益成長比股陷入低潮的期間，可能會發生在多頭市場接近尾聲時。屆時表現好的成長股一路領先，價位逼近歷史高點；在空頭突然來襲時，投資人便常常陷入恐慌，拋售仍獲利的部位，以免損失擴大，此時不難想見低本益成長比股在空頭市場時的短期表現不佳。然而總的來說，投資是一門強調平均的藝術，而且我對聚焦在成長態勢凌駕同儕、滿足若干高鑑別度條件，及乘數相較成長率顯得划算的投資道理，仍舊信心滿滿。

避免本益比特別高的個股

依照長期流傳的說法，異常的成長率有一天終會回歸到平常水平。這道理頗易懂，如果一家企業以每年50%的速度成長，並維持二十年，屆時規模會比初創大上3,000倍；此後如不減速，用不了多久就能占據全世界。

期間，這家企業會招致嚴酷的各界競爭，產品或服務也會面臨被取代的風險，過大的規模無疑會影響效率，管理層可能安於現況……諸如此類的立場及力量，會拖累企業的超常成長速度。

凡是本益比特別高的股票，就像活在類似的外界眼光下：遲早成長速度會放緩、本益比回歸平凡、變得其貌不揚。

不復當年勇的演變，Hanson堪稱表率。毋庸置疑，全盛期的Hanson管理有方，一路勇奪全英十大企業；但隨著二位創辦人年歲漸增，不再雄心勃勃，公司大勢就此底定，試圖兼併ICI的舉動，如今看來更像最後一搏。三十年來，這家企業的本益比從6、70年代的25倍榮景，跌到1996年被看好只有10倍，評價遠不及市場平均值。另一個例子是全錄（Xerox），早期本益比何止100倍，一度是極佳的成長股；然而隨著全錄早期的願景多已實現，如今躋身企業巨擘之列，本益比和成長率也皆歸於平凡。

超人成長率的股票，如50%，必須假定這是瀕臨下跌的起點；這樣的話，持股人便需年年攤列一部分下跌因素。連年成長50%的股票相當可貴，不過凡是成長股，我的底線是最多付預計盈餘20倍的價格。事實上，我偏愛成長率中等，如30%，但預計本益比在15左右的股票，這要求頗為實際，1996年初市場平均值就是如此。在連年成長的情況下，本益比給15倍不過分，此外，30%顯然比50%容易重演。即使成長放緩，從30%掉到20%，並長期保持在15%，本益比也可能不至於從15倍掉下來。想想，公司若順利，本益比應會紋風不動，多麼令人放心；但若換成高得不像話的倍數，投資人就要提心吊膽，生怕成長數據有任何風吹草動。道理在於，成因是本益比異動的股價飛漲，可能會倒打你一把；而相對沒什麼的利空，也很容易就會把本益比打回原狀。

▶▶▶ 重點摘要

1. REFS檢定1995年6月期間的低本益成長比股票，結果相當滿意。大盤在八個六個月樣本期間平均上漲9%，本益成長比低於0.6的股票則漲23%，與大盤相差2.5倍。另外十三個六個月樣本期間檢定指出，富時100和中型股本益成長比低於0.75的股票，在指數中大幅領先。
2. 微型股指數因兼容新創公司和老弱企業，具有本益成長比特徵的股票極少；投資人要小心的，還有單一報告來源的本益成長比特徵股，跟微型股的市場性。
3. 預計本益比超過20倍的股票，碰到空頭市場比較脆弱。到頭來，高本益比（連同根據的高每股盈餘成長）會回歸平常；保持不墜的難度更高，是應當對倍數過高的股票縮手的原因。

第二篇　掌握選股的關鍵要訣

我挑選致勝成長股的方法，並非什麼神奇或神祕的魔法；
相反地，我的方法嚴格且紀律。

6
現金流量

最令人放心的標的，莫過於一支好的成長股，兼具強健的現金帳，同時每股現金流量也高出每股盈餘一大截。

對於投資，雖然不宜貿然抱持「放諸四海皆準」的心態，但我對一點很有信心，那就是現金流量表現出色的股票皆值得投資人關注，無一例外。反之亦然，無法將獲利變現的公司，就得在上面打個問號。

最令人放心的標的，莫過於一支好的成長股，兼具強健的現金帳，同時每股現金流量也高出每股盈餘一大截。要知道，操弄現金流量的難度，遠遠高過操弄盈餘，因此滿手現金可視為一個會計花招的反指標，足以令不少成長股露出馬腳。

許多美國投資人在評價企業時，視現金流量為最關鍵的因素。巴菲特便一針見血地指出：「盈餘非生而平等。」他認為企業分為二種，一種是創造充沛現金，並能將其做為股東股利之用或應付擴產之需；另一種則是窮於應付新建或重建廠房機具，否則難以在行業裡立足。

為求得企業的現金流量，需將折舊等無需支用現金的項目，加回利潤項。會計準則委員會（ASB）對編製現金流量表有一套要求規定，必須將現金流量劃分為不同類別，並試圖依經濟成因分類。目前有個科目叫營業活動淨現金流入，依照FRS1的規定，需對營業利潤實施調節。此外，除折舊與關係企業利潤外，主要加項是營運資本增減（即庫存、債務、債權）。調節過程一般如下：

		單位：千元
營業利潤		1,000
折舊		100
庫存增加		(10)
債權增加		50
債務減少		40
營業活動淨現金流入		**1,180**
投資與金融服務報酬		
利息收入	100	
利息支出	(250)	
金融租賃租金款的利息部分	(40)	
關係事業股利收入	60	
股利（不含普通股利）支出	(20)	
投資與金融服務報酬的淨現金流出		(150)

課稅		
英國企業稅支出	250	
海外稅支出	30	
		(280)
淨現金流量		750

計算企業的股價現金流量比（price-to-cash flow, PCF）的方式，是把市值除以現金流量。上例的市值如果是1,500萬元，市值現金流量比即為20（1,500萬除75萬）。

重點是，光憑股價現金流量比，無法彰顯企業本身的現金流量。股價現金流量比僅能指出，若投資人買下企業股票，需支付的每股現金流量倍數（相對現金流量買貴或便宜）。

穩健的現金流量是用在：

1. **償還任何貸款**
2. **未來資本支出**
3. **普通股股利**
4. **進場買回自家公司的普通股**（對投資人是好消息，既提高每股盈餘又減少股票流通張數，可提供股價支撐）

現金流量強的好處

現金流量是企業的活力泉源，除了不利會計操弄，它還彰題：

1. 未來股利正常與否。
2. 流動性和槓桿比率的可能趨勢。現金流量是償付債務、改善頭寸的原料；除非流量穩健無虞，否則槓桿比率和流動性便可能惡化。
3. 是否有潛在的浮濫生意。每股盈餘快速攀升，現金流量卻萎縮，可能暗示浮濫交易，例如過多資金套在庫存和債務。如此便必須懷疑可能是賒帳政策太寬鬆或客戶有積欠貨款。
4. 是否有研擬增產計畫與資本支出的金援。

張設現金流量的濾網

若要根據每股現金流量張設濾網，首先得對照同一會計期間的每股盈餘。但若是不怎麼講究的濾網，便只要確認上個年度及五年平均的每股現金流量超過每股盈餘即可。好的交易員應當要提供數據給客戶，REFS也會每月發布。下表是1996年5月JJB Sports的財報摘錄。1992年該公司每股現金流量只有1.93便士，常態化每股盈餘（normalised EPS）則有5.53便士。後續年度差距持續修正，到了1995年，每股現金流量為21.4便士，已超過每股盈餘的19.4便士。資本支出也由現金流妥為支應。

JJB SPORTS								
年度截至1月31日		1992	1993	1994	1995	1996P	1997E	1998E
營業額	百萬英鎊	29.1	34.3	43.8	61.3	89.6		
折舊	百萬英鎊	0.76	0.86	0.98	1.16			
支付利息（淨額）	百萬英鎊	0.20	0.23	0.10	-0.15			
FRS3 稅前	百萬英鎊	2.18	2.92	4.58	7.59	12.9		
常態化稅前	百萬英鎊	2.20	2.93	4.62	7.75		17.5	20.0
營業額-每股	英鎊	1.16	1.37	1.75	2.35			
營業毛利	%	8.24	9.22	10.8	12.4			
資本使用回報率	%	44.6	37.1	46.4	34.8			
股東權益報酬率	%	23.8	25.1	32.9	22.6			
FRS3 每股盈餘	便士	5.48	7.35	12.4	18.8	27.7		
IIMR 每股盈餘	便士	5.53	7.39	12.6	19.4			
常態化每股盈餘	便士	5.53	7.39	12.6	19.4	27.7	37.4	42.7
常態化每股盈餘成長	%		+33.6	+70.1	+53.9	+43.4	+34.9	+14.1
稅率	%	37	37	32	36		35	35
常態化本益比	×					27.2	20.2	17.7
每股現金流量	便士	1.93	11.6	16.2	21.4			
每股資本支出	便士	8.46	5.12	7.90	7.91			
每股股利	便士				3.22	8.75	11.0	14.0
每股股利成長	%					+172	+25.7	+27.3
股利收益率	%					1.45	1.82	2.32
股利覆蓋倍數	×				6.01	3.17	3.40	3.05
股東資金	百萬英鎊	5.23	6.74	9.03	21.6			
淨借款	百萬英鎊	-0.01	1.18	-0.17	-11.9			
淨流動資產	百萬英鎊	0.51	1.48	2.68	14.6			
每股淨值	便士	19.2	25.3	34.5	21.9			

對於優異的成長股，如果一年的每股現金流量稍微輸給每股盈餘，但現金流量表上明示，而且董事長也清楚聲明，原因是債權攀升加上／或者庫存融通擴產，則投資人便不用過度擔心；不過如果五年平均現金流量，也輸給五年平均每股盈餘的話，那麼我會打消買進的主意。理想說來，上一年度及平均五年的每股現金流量應該要超過每股盈餘。這是一張簡易的安全網，當然不是沒有成長股現金流量不佳，表現卻出奇優異的情況，但是如同我所說，投資是看平均的競技，現金流量濾網給我的安全感，遠足以彌補錯過黑馬的憤憤不平。

如下表數字所示，現金流量篩選方式用在前一章本益成長比低於0.6的股票，看到的成效不一：

六個月期間終止日	全股指數%	本益成長比低於0.6的表現%	＋現金流量篩選
1995.09.30	13.0	23.5	26.3
1995.10.31	9.1	20.5	20.3
1995.11.30	9.0	22.7	20.4
1995.12.31	11.0	27.3	24.5
1996.01.31	6.7	18.6	18.1
1996.02.29	5.5	13.7	14.9
1996.03.31	6.4	27.9	14.9
1996.04.30	10.7	29.2	33.6
平均利得	8.9	22.9	21.6

整體而言，結果有點令人失望，多一個篩選對於績效看起來沒什麼效果，不過這不減我對它的信任，尤其是小型股和微型

股，此外，我認為若大盤步入空頭循環，現金流量的濾網便會大放異彩。

截至1995年9月30日的六個月期間樣本檢定，指出每股現金流量的若干優越之處。REFS分析富時小型股中，本益成長比最低、範圍介於0.32到0.83的五十五支股票後，發現即使缺乏臨界本益成長比值，這些股票表現平均仍逾大盤50%左右，五十五支中有五十一支賺到錢。多一個現金流量濾網，好就好在雖然有的賺錢股因此被淘汰，但也同時剔除四支賠錢股當中的三支。

每股現金流量超過每股盈餘，是一項微不足道的要求；更講究的投資人，濾網可以設個1.5倍。1倍的理由是簡單而且已可見效。若是每股現金流量比每股盈餘好很多的企業，在買或不買的決斷關頭，理當可以多一分把握。

從資本支出洞悉企業營運

資本支出的意思是運用現金，而非花掉現金；但有些場合，資本支出是繼續營運的必要項目（如同汰舊換新一套機具）。

但新增廠房全新機具的資本支出則是另外一回事，可惜我們無法從資本支出，逕行區別到底是擴建或必要更新；投資人的目光倒是可以留意每年資本支出的水準，並輔以法人和報導評論，藉以嘗試區分二者。

在REFS中，我們提供的每股資本支出數據已把不動產剔除，考量是不動產的費用通常是擴充用途，而且這項決策幾乎一律是權衡性質（產權可以用租賃的）。這估計方法雖武斷，結果倒是不錯，突顯出若干有意思的異常。例如，截至1994年5月的五年期間，水公司的現金流量多用在資本支出，相反地，電力公司資本帳則平均落在50%左右。

有的企業（通常牽涉到工程）光是為了生存，就必須在購買或更換廠房機具投下鉅額資金，也有企業「現金淹腳目」，幾乎不用花錢在資本支出，像零售商。

會吃掉股東現金的企業，姑且稱為「錢坑」。我印象中這類型企業，幾乎沒有一個會善待投資人，所以對過去五年資本支出超過現金流量的企業，最好「敬而遠之」。現金流量「樂勝」資本支出的公司，與其說是具有投資價值，不如說會留下點值錢的給股東。

1995年6月，我收到《祖魯法則》讀者的來信，上面提到一個比本益比更有意思的投資方法，姑且稱為「市值業主盈餘比」（price-to-owner's-earnings ratio, POER）。這麼說好了，假設有兩個投資選項A和B，每股盈餘和每股現金流量分別都是50元和100元。「錢坑」A為了生存，每年花70元在資本支出，B只花30元，可見B較善待股東：「錢坑」A的業主盈餘（現金流量減資本支出[1]）是每股30元（100-70），B則是A的2.3倍，有70元。寶貴的業主盈餘，是

1. 巴菲特計算業主盈餘，是把淨利加回折舊、攤銷、折耗費用；然後扣除可能花用的資本支出，還有任何維持本身經濟形勢與單位產量的必要額外營運資本。簡易的方式，是把REFS的五年每股現金流量扣除資本支出，餘數即相當接近巴菲特的計算。

用在加發股利、償還債務、擴充等方面。

光憑一年的帳目，不太可能輕易斷言某家企業的現金流量，是否大多數花在資本項目上；投資人應當檢查五年的數字，建立每股盈餘和現金流量的長期關係，以及可能用在資本支出的比例。

例如，A和B公司雙雙預測每股盈餘成長率為20%，而且現價都報在6元。而下一年度每股盈餘會從50元漲到60元，兩家公司的預估本益比都是10，且0.5的本益成長比（10除以20）也極具吸引力。這個例子中，只有從「市值業主盈餘比」才能看出端倪。

假設二家公司的現金流量通常是每股盈餘2倍，A正常會花70%的可用現金流量在資本支出，相較之下，B平均落在30%。下表是雙方比較：

	A公司（元）	B公司（元）
預估每股盈餘	60	60
每股現金流量	120	120
減資本支出	84	36
業主盈餘	36	84
股價	600	600
市值業主盈餘比	16.6	7.1

從雙方市值業主盈餘比的相對差距，足以斷言B好上一大截。同一位讀者還提到，可以進一步計算市值業主盈餘比成長比，就像本益成長比和本益比那樣，這也不是不可行。不妨注意REFS，難保哪天就冒出來了。

重點摘要

1. 現金流量的捏造難度比盈餘高。
2. 低企業股價現金流量比不表示現金流量強；企業股價現金流量比僅指出股票相對於現金流量來得貴或划算。
3. 穩健的現金流量是用在：
   - 償還貸款
   - 後續資本支出
   - 普通股股利
   - 買回流通的普通股
4. 現金流量有利指出：
   - 流動性和槓桿比率的趨勢
   - 股利正常與否
   - 企業是否浮濫交易
   - 能否金援後續資本支出
5. 額外替低本益成長比股張設的濾網，便是確認上一年度和過去五年的每股現金流量超過每股盈餘。這張濾網對至今檢定的八個六個月期樣本，沒有發揮什麼作用。不過有這張安全網，投資人會更放心，而且等市場轉空頭，效果應會更好。
6. 每股資本支出老是超過現金流量的「錢坑」，投資人應避之則吉。而高業主盈餘則是成長股求之不得的條件。

7
相對強弱

在多頭時，相對強弱是極有用的投資指標，它能看出可望領先的企業。

在順利靠本益成長比準則大幅縮小潛在的股票範圍，加上對於現金流量感到心安之後，現在可以前往汰選程序的最後階段，找出貨真價實的強棒。第三道濾網是股價相對市場在過去一個月跟過去一年的相對強弱。有人可能以為近期表現稍遜的個股成長潛能最大，但是實際上表現最好的股票，通常是已經從市場突圍而出的股票。

我現在看重過去一年的相對強弱（Relative strength），已經到REFS每個表格都會顯示這個欄位的程度；除此之外，還特地加入兩組各指數的相對強弱表。不是只有我相信相對強弱可做為投資準則的價值，美國投資週刊《巴隆》（*Barrons*）提到，歐沙那希（Jim O'Shaughnessy）研究標準普爾CompuStat資料庫過去四十三年的資料，對各種想得到的投資方式做了測試之後，找出十種投資美股勝算最高的方式，而且全數跟個股與其他股票過去一年績效的相對強弱有關。

判斷個股相對強弱是正是負很容易。舉例來說，假如富時精算全股指數代表的大盤來到1800點，此時標的股價是100元。若當月大盤上漲18點，也就是1%，但這時標的股價漲幅不到1元的話，相對強弱便是負數；若剛好漲1元則持平；漲幅超過1元則相對強弱是正數。

計算相對強弱的準確百分比則較為複雜。假設個股原先股價是100元，後來漲10%來到110元，而同期大盤漲20%，那麼個股的相對強弱是-8.5%。理由是大盤價位變成120%，個股價位僅來到110%，差距10個百分點相當於120%的8.5%。

再舉一例。假設個股從100元跌到80元，大盤卻上漲20%，這時個股價位變成80%，大盤價位卻站上120%，相差40個百分點占120%的比例，即相對強弱相當於-33.3%。

最後如果情況相反，股價漲20%來到120元，大盤則下跌20%，相對強弱則變成+50%。若個股價位上漲120%，大盤價位卻跌到80%，差距40個百分點相當於80%的一半。注意相對強弱一定是相對大盤績效，前二例大盤價位站上120%，第三例的價位則下探原先的80%。

好消息是相對強弱這指標你需要擔心的數學就限於下圖；REFS已經幫訂戶算好而且顯示為下圖的企業項目。身為投資人，你只需知道若相對強弱為正，表示個股表現凌駕大盤；為負則落後大盤。

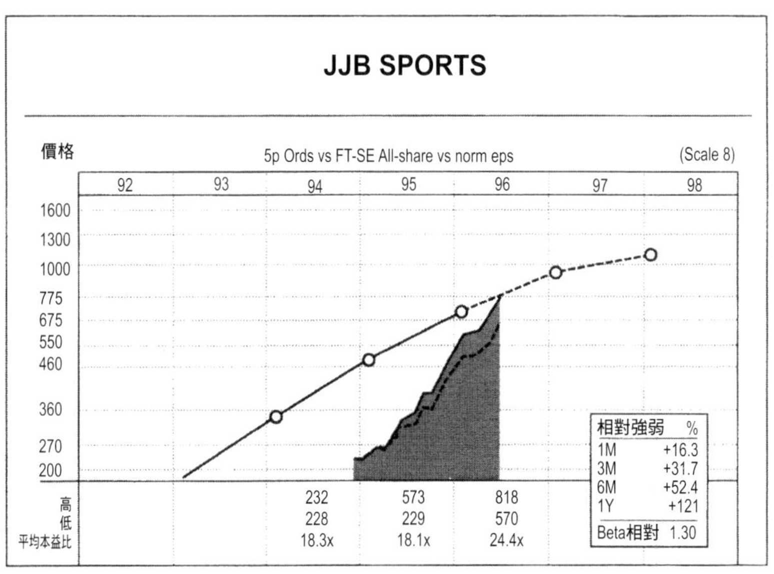

相對強弱以虛線表示，通常在股價以下的灰色區塊浮動。相對強弱是疊加且重算基期的圖示，所以跟股價圖示起始時間一定相同。

在JJB Sports圖表右下方有個小方塊，顯示一年、六個月、三個月和一個月來的相對強弱。此外每個月會表列各指數相對強弱最高和最低的成分股；本益成長比最低的群組會顯示個股一月與一年的相對強弱。

第三道濾網

相對強弱這道濾網有二個要求。首先前一個月的值應該是正數（+0.1%也成）；同時，前一年的值也應該是正數，而且大於前一個月的值。下方1996年6月的圖表以相對強弱表現亮眼的Psion，以及表現欠佳、不及格的Telspec為例來說明。

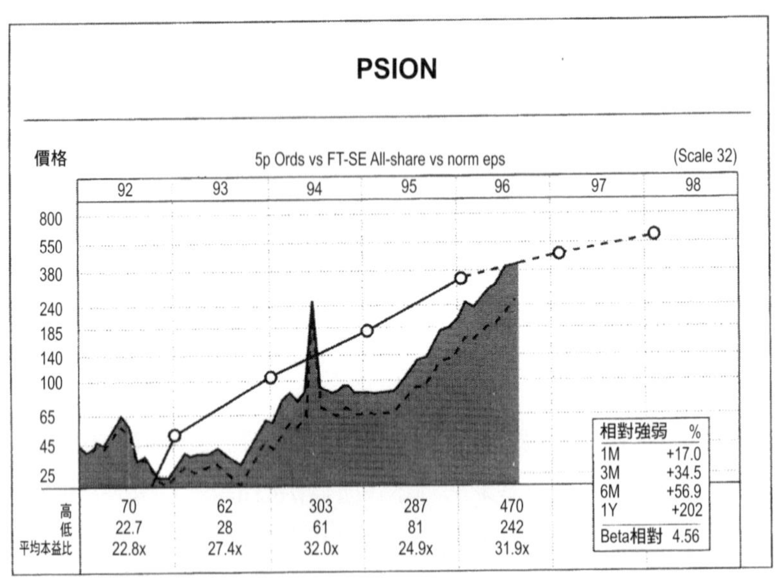

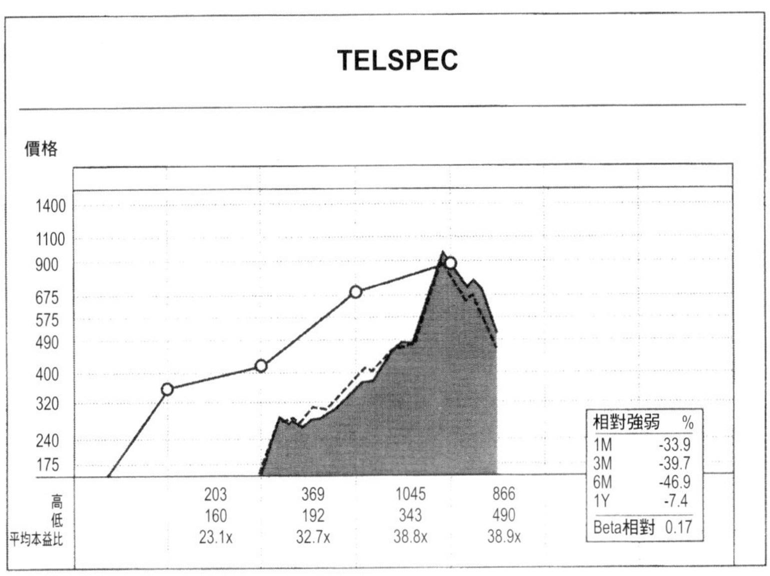

在多頭時，相對強弱是極有用的投資指標，它能看出可望領先的企業。相反地，若大盤中某支股票開始走衰，很可能有些人士已經聽聞利空消息，即將出脫手上的持股。

投資人最起碼要做到的，是確認股票買進時有所表現，而且將來看起來是順風而行。

現在來看相對強弱運用在通過本益成長比和現金流量兩道濾網的個股結果如何。從下頁數據可知，相對強弱績效卓著。

六個月期間終止日	富時全股指數%	本益成長比低於0.6的個股績效% +現金流量	 +現金流量 +相對強弱
1995.09.30	13.0	26.3	45.7
1995.10.31	9.1	20.3	23.4
1995.11.30	9.0	20.4	26.7
1995.12.31	11.0	24.5	45.9
1996.1.31	6.7	18.1	34.1
1996.2.29	5.5	14.9	15.4
1996.3.31	6.4	14.9	39.4
1996.4.30	10.7	33.6	45.7
平均利得	8.9	21.6	34.5

即使達標的個股從二十五支減少為九支左右，但績效很可觀。光是六個月的平均漲幅已達34.5%，反觀通過現金流量和低本益成長比標準的個股績效為21.6%，大盤卻僅有8.9%。

更多證據

更多支持低本益成長比、現金流量突出加上相對強弱強勢的證據，可參閱第十五章，當中有我在《週日金融通信》（*Financial Mail on Sunday*）的年初股票投資組合。截至1996年6月底，這八支股票扣除交易費用及媒體報導利多後的平均獲利為22.4%，同期大盤扣除費用卻僅上漲3%。

我兒子馬克旗下的強森．佛萊．史萊特成長單位基金

（Johnson Fry Slater Growth Unit Trust）提供更多支持證據。他從1995年7月開始管理這筆信託基金，到了10月31日，他把投資組合換成低本益成長比、現金流強勁，同時相對強弱強勢的標的。1996年6月5日，他的投資組合扣除管理費等全部成本後績效上漲36.9%，反觀大盤僅上漲11.2%；這段期間史萊特成長基金也是英國成長類股的領先單位。

美盛集團（Legg Mason）在2000年8月買下史萊特成長單位基金，並決定改轅易轍將其納入內部管理，接著轉為聚焦高價科技股，事後證明時間點選得不好。

我兒子現在為新募的史萊特成長基金提供諮詢。靠著本益成長比原則加上其他準則，2010年10月，它在各類型2,829支單位基金裡獨占鰲頭，上年度獲利更高達75%。

多空交戰的相對強弱守策

應用一個月相對強弱篩檢時，應該謹記長時間的強勁成長，會讓優異的成長股略顯疲態；但只要整體趨勢不變，同時公司沒有異狀，這現象並不是什麼大問題。因此我有時候會對一個月的相對強弱睜隻眼閉隻眼，只要三個月的值為正，一個月略呈負值也無妨。但一年的相對強弱基準，我便怎麼樣也不會鬆手。

不過若是股價數個月持續走軟，就是考慮持有個股去留的時候。本章不是要檢視個股買進以後的行動時程，不過很清楚地，相對大盤開始表現欠佳的成長股，不宜有所瓜葛。雖然伺機入手資產折價企業的價值投資人，看法可能不一樣；但是身為成長投資人，目光應放在確認個股的題材一如預期，看俏的前景依舊看俏。

反之在空頭時，相對強弱肯定沒那麼管用。在多頭時，漲最兇的是相對強弱表現最亮眼的個股；但是在空頭的最後階段，投資人亟需保障，同時無視潛在價值，因此反而會賣掉獲利最好的持股。要是你撐得過去（幸好空頭時間通常相對短暫），低本益成長比與現金流強勁所彰顯出來的價值應會支撐股價並助其復原。而且當市場開始走多，這類股票通常會率先恢復元氣。

舉例來說，一年期前瞻本益比15、年成長率30%的低本益成長比股票，經過一年若是股價不變，本益比便會降到11.5，又過一年則降為8.9，屆時如此划算的標的，連最精打細算的基金經理人都不想放過。

身為注意基本面的投資人，我一向把每股現金流量看得比相對強弱重。不過從手上的測試結果來看，相對強弱顯然完勝現金流量，我倒不介意修正自己的偏見。

技術分析之我見

「線仙」們認為歷史股價的技術圖表反映出全體投資人的期待和憂心，是故可以無視評價倍數或資產價值等基本面。這些人也認為股價通常跟著趨勢走，因此趁勢進場比估計未來獲利更加要緊；他們還試圖確定最佳的進場點，例如上漲潛力最大，下跌風險又極小的時機。

對此我一向心存懷疑。但近年來我轉而採信圖表是投資的必要工具，尤其股價過去一年的相對強弱，更是不可或缺的淘汰指標。

圖表是投資的必要工具

為了釐清我對技術分析論者的想法，我把目前對應用技術分析的看法羅列如下：

1. 圖表確實能夠快速呈現一段時間的股價歷史，我特別偏好 REFS 用三張圖分別顯示股價、相對強弱和每股盈餘成長的圖示，這方式很容易辨認出好的成長股。急漲的股價連同高檔的相對強弱和出色的每股盈餘成長預測，引領股價進一步上揚，堪稱最漂亮的線型。

2. 線仙跟技術分析論者流派雖多，但根據大多是「趨勢是你的朋友」的老生常談。是故信徒通常會停損但不獲利了結，這正是最重要的投資指導原則。
3. 不少投資人相信圖表，以致於有些預測自我實現。例如當出現眾所皆知的買進訊號時，便招致買盤，結果拉抬股價；廣為人知的空頭型態則剛好相反。
4. 月份可能是買股的重要決定因子，從歷史數據看來，有的月份對投資人無疑更為有利。很多人都知道1月不錯，但6月不太樂觀，因此可想而知，股市為什麼流傳「5月脫手出場」的說法。一年初始之時，考量大選有無、口袋深淺、天氣好壞和情緒起伏等等因素，很難說對接下來的月份毫無關聯。不過我對依據歷年統計，逕行宣稱2月19日比2月18日更適合進場的極端論者敬謝不敏。
5. 估波[1]大概是最可靠的多頭市場單一訊號。自1948年起，它從未出錯，而且依過去十年買進訊號所得到的平均獲利為30%。估波指標用來計算移動平均，它相對容易得知機會濃厚的多頭訊號，不過它的賣出訊號並不可靠。

1. 估波指標（Coppock），通過計算月度價格的變化速率的加權平均值來測量市場的動量，屬於長線指標。

6. 大盤長期整理後若強勢向上突圍，往往意味著事出有因；可從董事交易或管理階層異動的新聞加以佐證。
7. 若股價突破均線而均線又走揚的話，通常是可靠的多頭訊號。相反地，股價跌破均線則通常是空頭跡象。

▶▶▶ 重點摘要

1. 歐沙那希研究CompuStat資料庫四十三年份的資料後，結論是過去十二個月相對強弱表現佳是十種致勝投資策略的共通要素。
2. REFS裡，相對強弱圖示是股價圖表上的虛線，圖表右下的小方塊揭示一、三個月及一年的詳細數據。表格輯詳盡提供顯示一個月和一年來相對強弱最佳及最差個股的表格。
3. 我建議第三道關卡是相對強弱過去一個月為正，而且過去一年是更大的正數。從八個六個月期樣本併用三個條件的個股篩選結果發現，平均報酬率提高為34.5%，相較之下，本益成長比低於0.6且現金流量強勁個股平均報酬率則僅為21.6%；同期大盤漲幅僅有8.9%。
4. 一個月相對強弱如果稍微轉負，不一定是大問題，前提是三個月數字為正，而且其他投資條件盡數符合。
5. 相對強弱在空頭市場可能效果不彰，理由是投資人經常恐慌出脫獲利了結，無視於潛在的價值。
6. 若干技術分析的優點詳見本章內容。

8
公司經營面

我的投資標的主要著眼於財務數據面上，不過我仍會注意公司與執行長的經營層面。

在能力範圍內確認公司經營階層稱職而且誠信的重要性不言而喻，但難就難在得從簡短會晤、企業年報、法人報告或報章雜誌中，判斷一家公司的好壞。

像能多潔這樣成長記錄亮眼的企業，任何人都能看出它的執行長克萊夫．湯普森（Clive Thompson）在管理及激勵團隊的真功夫；同樣地，名氣沒那麼響亮的企業，例如Admiral，過去十年零瑕疵的每股盈餘成長亦可看出克萊．布倫迪許（Clay Brendish）的營運火候。初創階段的公司因記錄尚不足以可靠地指示經營階層的能耐，判斷的困難度因而高出許多。

重點是如果公司經營階層有意愚弄外界，是能夠占得上風的。例如你拜會工程公司的執行長，希望能到工廠參觀，然後在特定幹部陪同下吃午餐，期間你無疑看見的是好的那一面。你聽著執行長仔細解說新機型的近況，及後續對公司核心事業獲利能力的貢獻；或者看著執行長手搭某位作業員的肩膀，聽他介紹：「佛雷來公司十八年了，剛出生的小孩還好嗎？」這兩個場合足以讓你產生執行長會跟下屬交心，而且帶人很有一套的印象。

你可能是對的，也有可能是執行長臨時惡補一、二台機器的規格，介紹員工則是訪客參觀工廠的固定戲碼；佛雷可能不是那位員工的名字，但他不好意思當場戳破。

同樣地，你可以想見午餐期間，特定幹部話鋒絕不會帶到新產品的問題，或工廠正在醞釀罷工。相反地，話題會圍繞在同期銷貨提升或經常費用縮減，或先前併購帶來哪些綜效。

記住一點，你跟幹部會晤的環境掌握在對方手上，所以你會看到最好的一面；不過一旦長期跟經營階層打交道，雙方攻防個幾回，情況就大不相同。好幾次我拜訪執行長並對他留下好印象，後來我的投資也交出很棒的報酬；幾年後彼此算是認識，對公司的信心逐漸增加，公司也未曾讓股東失望。話說回來，令我失望的經理人也不少。

拜訪一家公司最值得的地方，也許是觀察經營階層和員工的一般舉止及態度。接電話快不快？口氣好不好？交代清不清楚？櫃檯人員機不機靈？有沒有立即反應，而且具有專業性？你攀談的職員做事起勁且開心嗎？你會想僱用他嗎？簡言之，你認為自己投資的企業精神像不像賠錢貨？

檢驗公司經營面的方法

下面有些建議可供你提升對投資標的經營階層的識人之道，並予以監視以防走上歪路：

1. 股東大會

出席股東大會是不錯的主意，可以藉此觀察公司組織、董事長和執行長應對情形。但記住在股東大會的場合，經營階層常常對問題內容跟提問人有所安排。

股東大會攻防戰

2. 年報

通常要注意過於精美，尤其放了不少張董事長與其他董事照片的年報。最有名的例子是Spring Ram，他們趁機順便宣揚「團隊工作致勝」之類的年度主軸，結果一次重大利空事件後，創辦人比爾．魯尼（Bill Rooney）隨即便因法人壓力去職。

3. 董事會組成

多年前有份週日報提到董事會的評分制，我記不得詳細的算法，但印象中如果找政客、官員等人是扣分。我認為背後的邏輯是這些人只是來露臉，對公司進步沒有什麼作用。

4. 執行長在外活動

留意「大砲」型、常對外發表產業、國情看法的執行長。這些人在不相關的方面有非分之想，表示心思不夠放在任職公司上。

5. 重要幹部的生活方式

留意執行長的私生活過度光鮮，且喜歡在車牌、專機、企業房舍做文章的公司。

6. 獲利預測落空

留意在正式場合預測獲利，但事後卻落空的執行長，接下來法人可能不太買帳，連帶危及籌資能力。若是大幅落後法人看法的更要小心，讓高薪分析師臉上無光，難保日後不會付出代價。

7. **幫手的來頭**

許多成長企業的未來取決於賣股，是以公司的券商、投資銀行、出資單位為考量層面；第一流的經營團隊總是吸引最有力的幫手。

我的投資標的主要著眼於財務數據面上，不過我仍會注意公司與執行長的經營層面。我從若干負面經驗中了解，從這些方法獲得的印象，比拜訪公司或面晤執行長更好。

執行長異動

指派新執行長可能是公司大轉型的預兆，尤其當新任執行長名氣很大、戰績彪炳，接掌的企業又咸認管理不佳時，可能性更高。

亞奇・諾曼（Archie Norman）當上阿斯達（Asda）執行長，及格里・羅賓森（Gerry Robinson）當上格拉納達執行長是兩個好例子。下頁兩張表時間始於指派當時，接下來便可看出公司股價扶搖直上。

阿斯達集團股價：1991年12月至1996年6月

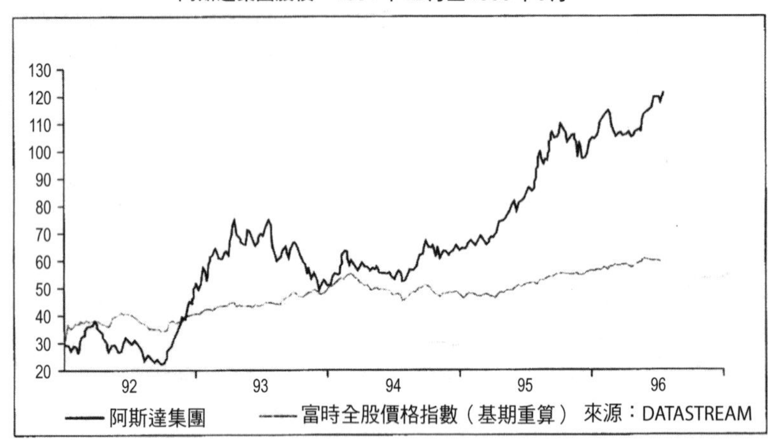

格拉納達集團股價：1991年1月至1996年6月

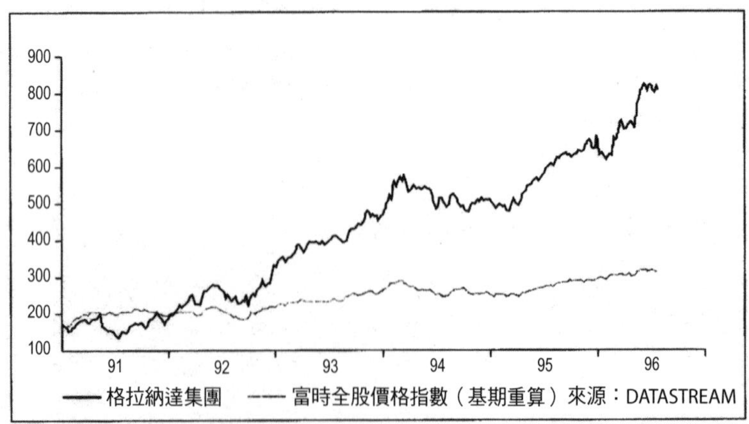

判斷新執行長是否有本事並不容易，檢查過去任職企業的每股盈餘成長記錄是不錯的法子，但資訊通常不齊全，投資人得靠報紙評論和雜誌介紹補齊。

REFS列有十二個月來的執行長異動明細，還隨附詳細新聞稿。要注意宣布執行長下台時是否話中有話，有的是真的榮退，有的表面上是「健康因素」，其實是「咸認不適任」，「望能減輕職責」則是在說「捅的簍子夠大了」。

另一方面，有本事的新執行長可能會被高薪挖角，是以不宜過度倚重新執行長，並專注在確保公司基本面安全無虞。經理人是流動的，經常會從一家企業跳槽到另一家，像喬治·辛普森（George Simpson）就從Lucas跳到英國通用電氣（GEC）。

優異的新執行長是投資一家公司的主因，但不該是唯一原因，如巴菲特的挖苦觀察所說：「當戰績卓著的經營階層對上基本面素來不佳的事業，紋風不動的便是企業的名聲。」

董事持股異動

知道董事手上持有大量公司的股票，也就是你和他的雞蛋跟飯碗放在一起，無疑是好消息。

買賣股票定案以前，投資人應該習慣性檢查近期董事持股異動。在1993年8月的相關研究中，Smith New Court（後併入美林）便指出，光憑著追蹤董事交易情形，投資人就能打敗大盤。

最重要的一點是，**董事買股的重要性遠大於賣股**。將大筆資金投入任職企業的董事，可能覺得企業的股價被低估了，所以認為持有股票比現金好。反過來則不一定，除了董事可能覺得股票被高估，他手上的現金還可能有其他合理用途，如買房、繳款，或支付生活開銷等等。

另一個重點是，買賣股票的董事人數。董事集體買股大大增強買進訊號；同理，董事集體出脫持股，賣出訊號更為明顯。

股數異動占董事持股的多寡，及董事當下的職位，具有高度攸關性。持股破百萬的董事長，多買一萬股意義不大，可能是時機不好做個樣子；不過財務長持股若從一萬股倍增為二萬股，意

Blacks休閒集團：一般零售商				
31.8m 50p Ords	日期	交易	金額	持股
T W Knight	11.06	+50,000@50.0便士	25,000英鎊	171,396
S A Bentley (ch & ce)	01.05	+50,000@64.0便士	32,000英鎊	285,500
T W Knight	01.05	+50,000@64.0便士	32,000英鎊	221,396
P D Bennett	01.05	+5,000@64.0便士	3,200英鎊	10,000
Sir Rhodes Boyson	01.05	+10,000@64.0便士	6,400 英鎊	40,000
D A Bernstein	01.05	+50,000@64.0便士	32,000英鎊	50,000
S A Bentley (ch & ce)	02.29	+25,000@69.0便士	17,250英鎊	310,500
T W Knight	02.29	+40,000@69.0便士	27,600 英鎊	261,396
D A Bernstein	02.29	+50,000@69.0便士	34,500英鎊	100,000

義就大不相同。類似地，業務部主管賣掉十二張股票中的十張也會令我為之側目。

上表摘自1996年4月的REFS圖表，是典型董事集體買進顯著股數的情況。我注意到1996年1月買在64便士的第一批，在2月69便士的第二批時同樣買了一些；到了5月下旬，公司年度財報顯示獲利大幅成長，而且法人預測當年度有長足進步，宣布隔天股票就漲到160便士。

除非數量非常可觀，否則董事在指派當下的買股行為沒什麼好值得高興。另外選擇權快到期時買股撐盤，其重要性也不如平時，不過保留多拿行使選擇權的股票，不失為好消息。

公司發布數據前，會設有董事不能交易股票的「閉鎖期」。掌握重要日期的有用之處是，閉鎖期開始前約一個月的交易行為，事後往往別有用意。

問營業員是知道董事交易情形最快的方式，通常券商的電腦會每天顯示，而且也能提供前幾個月的交易。

REFS也會詳列最近六個月的董事持股異動，還有許多其他數據，包括董事職位、交易性質，和剩餘持股（數名董事的交易雖然是有意思的指標，但並不能取代企業財務數據和前景的檢視）。決定買股之前得知董事與你皆有志一同，不啻為一劑強心針；相反地，若董事大舉出脫手上持股，外界便很難對公司提起興趣。

▶▶▶ 重點摘要

1. 成熟企業的每股盈餘成長記錄，是判斷經營層面有能力與否最好的辦法。
2. 較不成熟的企業，每股盈餘成長率一樣重要，但記錄可能不足以判斷經營階層的能力。
3. 若經理人有意混淆外界，可以占得上風。投資人應由下列項目獲得全貌：
   - 股東大會
   - 年報
   - 董事會組成情形
   - 執行長在外活動和生活方式
   - 獲利預測達陣或落空
   - 幫手的來頭

   此外員工態度也是不錯的指標。電話有人接嗎？做事有條有理嗎？待在公司是否高興？
4. 指派新執行長可能會扭轉公司命運。最好從剪報和報導中，探查清楚新上任執行長過去任職期間提升每股盈餘的底細。
5. 董事持股異動是不錯的選股指標，一群董事集體買股尤其是多頭跡象。董事的職位和剩餘持股的增減百分比需納入考量，並且留意稍早於閉鎖期的交易情形，事後往往耐人尋味。

6. REFS附有十二個月來的每月執行長異動明細，及六個月來的董事持股異動。

9
競爭優勢

如果有的選，當然要投資「鶴立雞群」、比同業有撐的企業，因其盟主地位毋庸置疑地少見競爭對手。

競爭優勢就像未來盈餘的地基，能提升獲利預測的可信度；某個程度上可視為「市場地位」，形式有下列幾種：

1. 頂級品牌

腦海會浮現可口可樂、麥當勞、馬莎百貨、索尼等等。

2. 專利或著作權

葛蘭素威康（Glaxo Wellcome）[1]的Zantax（一種胃藥）是經典案例。唱片、著作、電影的著作權價值則隨著有線和衛星電視普及而水漲船高。

1. 葛蘭素威康之後併入葛蘭素史克（GlaxoSmithKline）。

3. **合法獨占**

水電業靠法規排除競爭，並受到管制。電視業者像卡爾頓（Carlton）和格拉納達的經營特許非常值錢，不過長期受限於續約的壓力。

4. **市場盟主**

《華爾街日報》、《金融時報》、微軟、迪士尼、能多潔等都是例子。

5. **站穩利基市場**

Druck是專注高階利基市場的英國典範，它精於製造及銷售

Druck股價：1982年1月至1996年6月

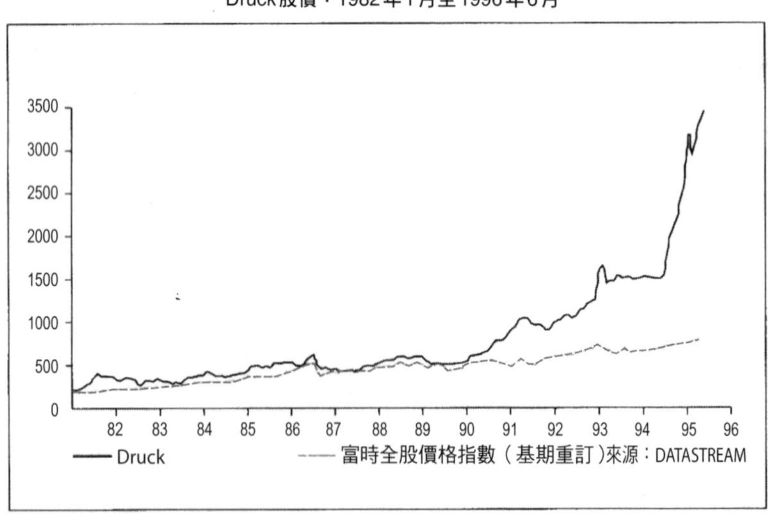

電子式壓力、測力和定溫儀器。見下圖可知它也是絕佳的成長股。

如果有的選，當然要投資「鶴立雞群」、比同業有撐的企業，像路透社或馬莎百貨，因其盟主地位毋庸置疑地少見競爭對手。相反地，尋常店家、商行、包商之類的「無名小卒」，就看不到投資的理由；因幾乎無進入障礙，代表誰都可以在它對面開一家，花不了幾個錢，難度不高，且因為毛利動輒得咎，折損也快。

巴菲特幾乎只投資地位優越的企業，像可口可樂、美國運通和迪士尼。他自己總結個人的投資哲學如下：

市場地位是有心的金主可以一試的考場。如果你出10億，然後你從全美挑出五十位企業老闆，我可以好好向企業界或找媒體打聽；但你如果說：「去買華爾街日報」，那我會把錢還你。

若剛好你也出差不多的金額，然後交代我設法推奧馬哈全國銀行或當地最大的百貨公司一把，或改變它們的市場地位，我會讓它們非常頭大。我可能幫不上什麼忙，捅出一堆簍子；即使是對報酬不太行的企業，對手造成的傷害才是真正的考驗。

有的企業在周圍挖護城河，在裡面養鱷魚、鯊魚和食人魚，這種企業是你的標的。你會想看上的企業是連我那年代最厲害的游泳選手強尼．維斯穆勒（Johnny Weissmuller）穿上護具都難以橫渡護城河的那種。真的有這種企業。

慎選投資類股

我在第三章說過，有的類股硬是比別人得天獨厚，如媒體、藥廠、支援服務業周圍常刮起順風，相反地，勞力密集如造船、重工、紡織等產業，因為難逃外國廉價勞工競爭，向來是逆風而行。

「入錯行」的嚴重性，從李察．布蘭森（Richard Branson）被問到自己如何當上富豪的回答可見一斑。他說：「這不難，首先你當上億萬富翁，然後買間航空公司。」

REFS報表輯的月報表中含有完整的類股明細，下頁是1996年5月酒廠、酒館及餐館業的截圖。類股的成分股依市值大小排序。報表也詳列公司的市場地位，以及資本使用回報率（ROCE）、毛利、股價營收比（price-to-sales ratio, PSR）等關鍵數據相對大盤和類股平均的情形，還有對照同業的表現。

如果已有中意的標的，這張表會派上極大用處；在中意的類股當中篩選名單更是好用。

五大關鍵數據

第四章介紹的企業輯個股關鍵數據欄是另一個投資好幫手。第一組的本益比、本益成長比、成長率、資本使用回報率、毛利等五大數據是成長投資人重視的數字，最後五個數據價值投資人

酒廠、酒館及餐館

市值（百萬英鎊）	相對強弱 一月%	相對強弱 一年%	最近股價（便士）	公司	前瞻本益比	五年每股盈餘成長率%	前瞻每股盈餘成長率%	前瞻本益成長比	前瞻股利收益率%	去年年報股價營收比	去年年報毛利%
8,979	-0.0	-0.6	569	Market weighted average	14.2	10.6	13.1	1.6	4.2	4.4	12.7
46.7	+0.0	-2.7	138	Market median	13.1	4.8	14.0	1.1	3.8	0.9	7.8
3,828	+2.9	+15.5	682	Sector weighted average	16.5	3.1	11.9	1.5	3.5	1.7	13.8
58.4	+0.8	+11.6	285	Sector median	16.0	8.5	12.3	1.3	2.8	1.7	13.6
6,897	+0.8	+17.6	782	Bass	15.6	-3.0	9.5	1.6	4.1	1.5	14.4
4,230	+4.1	+8.0	691	Scottish & Newcastle	15.3	4.2	16.5	0.9	3.8	1.8	15.2
3,625	+6.4	+9.4	750	Whitbread	16.0	-2.4	9.8	1.6	3.9	1.5	8.3
1,840	+4.1	+13.0	625	Greenails	15.5	1.2	10.9	1.4	3.2	1.7	17.6
1,723	+0.3	+36.0	549	Compass Group	19.4	12.1	15.5	1.2	2.1	0.9	6.1
446	-0.1	+5.7	667	Wolverhampton & Dudley	14.6	2.6	5.5	2.7	3.3	1.9	18.4
436	+10.3	+9.0	310	Vaux	15.4	-6.2	7.8	2.0	4.4	1.7	18.4
341	-2.1	+49.1	888	Wetherspoon(JD)	24.7	37.5	24.2	1.0	1.5	4.7	17.7
313	-2.4	-0.3	349	Marston, Thompson	14.8	9.0	5.8	2.5	2.8	2.0	17.2
295	-5.0	+11.5	695	Greene King	15.3	2.1	7.6	2.0	3.0	1.9	18.4
233	+25.5	+21.9	121	City Centre Restaurants	24.2	5.8	9.9	-	2.1	2.2	11.6
223	+5.0	+15.8	345	Mansfield Brewery	15.3	14.7	9.7	1.6	2.4	1.7	13.6
202	+6.2	+112	349	PizzaExpress	28.3	88.3	20.7	1.4	1.0	6.1	20.2
184	-1.9	+23.7	670	Morland	16.4	12.8	9.3	1.8	2.5	2.4	21.4
163	+6.1	+127	£10.1	Regent Inns	20.9	38.6	29.7	0.7	1.5	6.8	23.0
158	+2.6	+53.0	£402	Yates Bros Wine Lodges	25.1	-	24.0	1.0	1.3	2.8	9.8
103	+8.7	+62.9	142	Pelican Group	16.9	25.3	16.7	1.0	2.1	3.0	12.6
102	-3.6	-18.0	£33.5	Holt(Joseph)	16.7	13.0	9.1	-	2.4	3.6	24.4
99.7	-1.3	+11.6	489	Fuller Smith & Turner	15.3	0.6	12.3	1.2	2.6	1.4	11.2
97.7	+0.7	+94.9	354	Ascot Hidgs	41.2	6.8	-40.3	-	-	0.8	26.2
87.7	+2.5	-	220	Cobleigh(Tom)	21.6	-	14.6	1.5	1.8	3.3	17.7
70.4	+9.0	-	174	Enterprise Inns	10.4	-	31.4	0.3	5.2	2.9	41.8
62.4	-6.6	+4.3	312	Hardys & Hansons	13.9	4.6	3.6	3.9	4.5	1.8	21.1
54.5	+1.1	+42.2	260	Eldridge Pope	15.5	55.1	12.2	1.3	2.6	1.0	9.3
52.6	+1.8	-	133	Century Inns	8.5	-	-3.8	-	6.7	1.2	40.4
44.9	-4.1	-34.8	323	Gibbs Mew	9.4	14.0	13.2	0.7	4.2	0.9	13.8
43.4	-2.4	+3.8	490	Young & Co's Brewery	21.8	-1.9	-12.6	-	3.8	0.9	9.7
42.0	+4.8	+65.9	225	Groupe Chez Gerard	17.3	-	23.8	0.7	1.9	3.2	15.8
36.5	+5.9	+14.1	145	My Kinda Town	13.5	-	16.5	-	3.1	1.3	12.9
34.6	-5.8	-11.5	166	Burtonwood Brewery	13.6	-11.9	7.0	-	4.5	0.7	8.8
34.0	+0.2	+18.7	240	Grosvenor Inns	16.0	-	27.6	0.6	3.5	2.2	13.0
28.8	-3.8	+0.8	326	Ramsden's(Harry)	38.4	10.7	9.0	-	1.9	6.6	28.3
25.7	+13.2	-10.2	54	Inn Business	22.7	64.1	-	-	-	0.8	12.6
23.2	+1.9	-	315	Jennings Brothers(AIM)	22.4	8.0	0.2	-	2.5	1.6	10.8
22.2	+15.7	-	210	Surrey Free Inns(AIM)	24.2	38.3	104	-	1.1	1.8	13.1
13.5	-3.6	-	110	Old English Pub Co(AIM)	86.6	-	-	-	-	3.7	11.8
12.5	-6.1	+1.9	185	Heavitree Brewery	11.3	20.5	16.1	-	3.9	1.4	21.2
11.7	+3.5	-	73	Ask Central(AIM)	42.7	-	-	-	-	11.5	-0.9
10.9	-5.6	-11.6	46	Break for the Border	10.0	-	58.6	-	4.9	0.4	8.9
5.40	-3.6	-	18	Greenhills(AIM)	-	-	-	-	-	-	-
5.31	-24.5	-53.5	4.5	Paramount	6.5	-17.8	16.2	-	7.9	0.8	20.5
5.28	+2.1	-	18	Celebrated Grp(AIM)	24.7	-	82.5	-	-	1.3	12.1
5.20	+40.7	-	178	Caf Inns(AIM)	15.1	3.2	75.5	-	1.4	0.4	10.5
4.56	-3.6	+25.5	38	Aberdeen Steak Houses	12.7	60.9	-11.0	-	-	0.3	4.8
2.51	-3.6	-17.0	9.5	Courtyard Leisure	-12.5	-25.5	-	-	-	1.1	-6.8
1.68	-0.7	-	35	Dalkeith(AIM)	41.7	29.8	-	-	-	0.5	2.1

JJB SPORTS	
股價（NMS 25）1995.11.27	510p
常態化每股盈餘（前瞻）	33.4p
市值	£153m
營業額（95年報）	£61.3m
稅前（95年報）	£7.59m
股利收益（前瞻）%	2.71
本益比（前瞻）x	15.3
本益成長（前瞻）f	0.32
成長率（前瞻）%	48.2
資本使用回報率 %	34.8
毛利 %	12.4
槓桿 %	-53.3
股價淨值比 x	7.09
股價有形淨值比 x	7.09
股價現金流量比 x	23.8
股價營收比 x	2.17
股價研發比 x	na
非指數公司	
大盤	496th

HARTSTONE GROUP	
股價（NMS 25）1995.11.27	14.5p
常態化每股盈餘（前瞻）	1.77p
市值	£47.0m
營業額（95年報）	£218m
稅前（95年報）	£4.70m
股利收益（前瞻）%	3.97
本益比（前瞻）x	8.20
本益成長（前瞻）f	na
成長率（前瞻）%	12.8
資本使用回報率 %	9.31
毛利 %	4.39
槓桿 %	57.6
股價淨值比 x	0.88
股價有形淨值比 x	0.88
股價現金流量比 x	3.35
股價營收比 x	0.17
股價研發比 x	na
非指數公司	472nd
大盤	931st

PRESSAC HOLDINGS	
股價（NMS 25）1995.11.27	142p
常態化每股盈餘（前瞻）	11.2p
市值	£52.7m
營業額（95年報）	£57.3m
稅前（95年報）	£4.61m
股利收益（前瞻）%	3.51
本益比（前瞻）x	12.7
本益成長（前瞻）f	0.75
成長率（前瞻）%	17.0
資本使用回報率 %	16.2
毛利 %	8.62
槓桿 %	15.9
股價淨值比 x	2.24
股價有形淨值比 x	2.34
股價現金流量比 x	6.97
股價營收比 x	0.82
股價研發比 x	55.7
非指數公司	34th
大盤	893th

較關注，而股利收益和槓桿則對雙方同樣重要。

上頭的月亮形狀是個股數據對照大盤（m）和類股（s）平均的相對表現，方便讀者一目了然，掌握個股的成長或價值取向；月亮形狀越黑越好，若是一串黑色滿月表示個股值得一探究竟。

月亮盈缺揭示個股在類股和大盤的市場地位，例如若類股有九檔股票，標的個股排名第五，類股的月亮形狀就是半滿。

上頁是JJB Sports、Hartstone Group，和Pressac Holdings的關鍵數據，來源是1995年12月的REFS。除了本益比均標以外，成長面數據月亮黑壓壓的JJB Sports，很清楚地可以看出是典型的成長股。而Hartstone Group在成長前景就沒什麼好說的，價值面數據一片漆黑，更像是資產股。Pressac Holdings的成長數據有的很好，而且價值面數據有些不錯，像是介於兩者，不妨視作「若干價值」禁得起檢驗的成長股。

能多潔

		m	s
股利收益（前瞻）	% 1.90		
本益比（前瞻）	x 19.2		
本益成長比（前瞻）	f 0.97		
成長率（前瞻）	% 19.8		
資本使用回報率	% 78.1		
毛利	% 24.0		
槓桿	% -38.4		

路透社

		m	s
股利收益（前瞻）	% 2.19		
本益比（前瞻）	x 22.4		
本益成長比（前瞻）	f 1.68		
成長率（前瞻）	% 13.3		
資本使用回報率	% 63.5		
毛利	% 20.0		
槓桿	% -2.94		

NEXT

		m	s
股利收益（前瞻）	% 3.62		
本益比（前瞻）	x 17.9		
本益成長比（前瞻）	f 1.63		
成長率（前瞻）	% 11.0		
資本使用回報率	% 33.6		
毛利	% 13.8		
槓桿	% -41.0		

豪邁

		m	s
股利收益（前瞻）	% 2.10		
本益比（前瞻）	x 18.0		
本益成長比（前瞻）	f 1.15		
成長率（前瞻）	% 15.6		
資本使用回報率	% 41.9		
毛利	% 18.8		
槓桿	% -19.8		

DRUCK

		m	s
股利收益（前瞻）	% 0.90		
本益比（前瞻）	x 23.5		
本益成長比（前瞻）	f 1.40		
成長率（前瞻）	% 16.9		
資本使用回報率	% 26.1		
毛利	% 18.8		
槓桿	% -5.39		

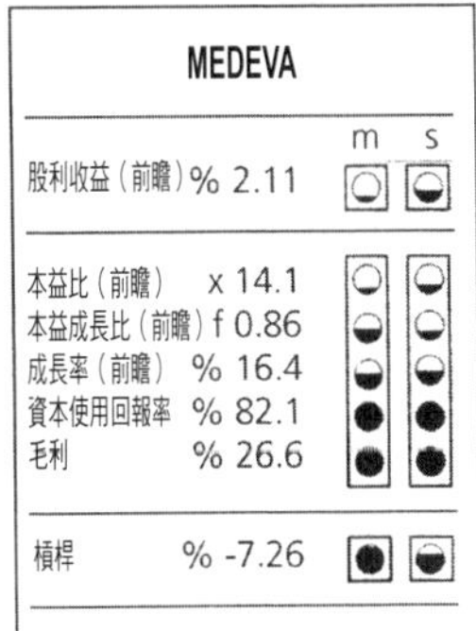

MEDEVA

		m	s
股利收益（前瞻）	% 2.11		
本益比（前瞻）	x 14.1		
本益成長比（前瞻）	f 0.86		
成長率（前瞻）	% 16.4		
資本使用回報率	% 82.1		
毛利	% 26.6		
槓桿	% -7.26		

回到JJB Sports，它在資本使用回報率和毛利交出兩個黑色月亮，對投資人而言更保險，許多成長股在1995年12月那時也看得到這現象，像能多潔、路透社、Next、Medeva、豪邁、Druck等（見上頁）。

有時不容易光憑尋常蹤跡就能確認一家公司的競爭優勢，不過資本使用回報率和毛利的強弱和趨勢，會為你指出標的跟對手的差距。

何謂資本使用回報率

資本使用回報率的用處，在於衡量企業對全數投入資本的成效。計算方式是把稅前暨借款成本前的獲利，除以公司已投入營運的資本總金額。

分母的營運投入資本是普通股、優先股、公積、各級債務、融資租賃負債、少數股權和負債準備的合計，代表從各種管道籌措並投入營運的資本金額。

然而計算資本回報率（ROC）時，分子的獲利要加回應納稅額、非常項目、利息和股利；算出的百分比代表企業運用營業資產的效率。

資本使用回報率除了強弱和趨勢，其他考慮因素還包括：

1. 資本使用回報率一律跟當前借款成本比。如果資本使用回報率高出不少，多借的錢便能挹注每股盈餘，否則反而會拖累每股盈餘。**好看的資本使用回報率象徵企業善用籌資增產的能力**。

2. 資本使用回報率低的企業經常會面臨經營階層的控制權異動，順便再辦理增資；觀察事後的投入資本報酬動向，就清楚新經營階層有沒有本事。
3. 資本使用回報率數字好看的好處，是公司能回補高於平均的獲利部分，股東因此連帶受惠；「回補」的部分用於賺取平均以上的報酬，進一步增長每股盈餘。因此若資本使用回報率高，一般來說是好股票的共同特徵。

剔除無形資產

無形資產是算資本使用回報率時要注意的地方，特別是商譽，也包括品牌、專利、著作權、曝光度……諸如此類的項目。這類資產可能價值不斐，但依照英國的一般公認會計原則（GAAP），每間個案的會計處理方式落差不小，例如品牌在某家公司可能因為沒浮上檯面故不具帳面價值，但另一家公司因為靠併購所以有品牌效益，而且是營業用淨資產的要角，清楚地列在資產負債表中。

唯有剔除無形資產才有可比較的基準，據以揭露公司在運用投入資本時的經營效率。不過企業形形色色，有的天生就較為資本密集，極端的例子像重工業，廠房機械便可能投入鉅額資本。相反地，視訂閱量出刊的雜誌出版業，所有收入都已事先收到，投入資本的金額甚至可能為負。

商譽是最普遍的無形資產。基本上，算法就是買主出價和淨資產帳面價值的差額。金額是固定的，所以不同於設備或營運資本等資產，不具永續運用的經濟價值。因此，REFS的資本使用回報率數據在計算併購報酬時，是用標的公司的營運資產，而非買主的對價。

REFS在算資本使用回報率時，會剔除無形資產，目的是：

1. 適用全體企業的一致分析和處理基礎。
2. 審慎衡量營運資產的運用效率。
3. 反映買主收購營運資產的效率，跟出價高低是兩回事。

多數投資人並不需知道資本使用回報率怎麼算，跟券商要就好了。REFS也提供每家企業每個月的資本使用回報率，並以圖表顯示各項指數的最高資本回報。因為REFS在計算時剔除了無形資產，併購高獲利，但投入資本少或沒有的事業買主，可能會出現異常高的報酬，EMAP公司就是一例。

資本使用回報率落在20%或以上的高檔，是企業競爭優勢的明證，顯示公司特別有一套，也可能是產品或服務很有賺頭，通常在毛利的數據中會看出端倪。

富時100：依資本使用回報率排序（已剔除無形資產）

市值（百萬英鎊）	相對強弱 一月%	相對強弱 一年%	股價（便士）十二個月 高點	股價（便士）十二個月 低點	股價（便士）近期	公司	去年年報資本使用回報率	年化趨勢%	上一年度利息覆蓋倍數	前瞻本益比	前瞻每股盈餘成長率%	去年年報毛利%
12,858	-0.8	-1.6			640	Index weighted average	30.0	+13.3	14.4	9.4	11.1	16.5
3,892	-0.1	+0.1			525	Index median	18.8	+4.2	14.3	10.1	7.1	13.3
8,112	+4.4	+58.5	480	267	473	British Sky Broadcasting	415	+636	27.5	33.4	-	31.5
6,485	-0.3	+18.2	£12.1	855	£11.5	Reed International	77.8	-0.9	22.1	-	13.4	21.1
3,725	+0.6	+20.8	386	263	378	Rentokil	66.3	+17.7	21.1	18.2	23.6	24.4
12,778	+3.2	+33.0	794	479	761	Rueters	56.7	+12.3	25.0	13.3	16.4	20.4
19,071	+4.1	+19.1	726	501	696	SmithKline Beecham	54.7	+11.0	17.9	8.4	11.7	21.4
27,777	-6.9	-10.9	969	721	793	Glaxo Wellcome	43.2	-8.5	13.6	12.7	12.5	34.3
5,090	-1.4	-5.5	561	459	512	Cadbury Schweppes	43.1	+16.4	14.3	1.9	8.3	13.6
3,058	+4.3	-7.2	723	621	720	Reckitt & Colman	41.0	+13.4	13.9	15.0	2.3	14.6
2,139	-1.3	+20.6	720	506	708	Smiths Industries	40.2	-4.9	18.1	13.4	3.3	15.7
7,948	+5.7	+34.0	£18.6	£12.4	£18.5	THORN EMI	39.9	+10.0	22.5	12.5	0.3	9.9
8,008	+4.2	-11.3	280	201	262	Vodafone	39.6	+13.5	22.4	20.6	12.6	31.3
2,703	-1.2	+1.5	484	373	464	Carlton Comms	37.7	+12.3	15.5	11.2	11.5	15.7
6,985	+6.0	+19.5	842	594	824	Granada	34.0	+20.5	17.5	16.7	23.0	15.7
2,065	-1.0	-9.2	203	168	188	Smith & Nephew	33.9	+12.0	15.4	7.4	4.5	18.0
1,914	-11.3	+27.4	683	427	628	Argos	31.5	-1.3	19.0	15.0	14.1	7.7
3,535	+4.7	-8.4	401	310	375	Scottish Power	29.1	+22.6	9.6	14.6	-	22.1
13,197	-1.1	+27.4	£14.1	948	£13.9	Zeneca	28.3	+13.8	19.2	12.4	8.4	18.3
3,391	-1.5	-	211	190	199	National Grid Group	27.7	+15.6	7.9	1.6	-	47.5
2,031	+7.2	-13.2	355	304	350	Williams Holdings	27.0	+2.7	14.2	8.1	1.5	15.2
3,242	+4.1	-3.6	293	220	273	Tomkins	26.9	+26.0	13.1	10.1	7.5	7.7

根據上圖1996年6月的REFS，像路透社和能多潔之類的優異成長股，資本使用回報率在富時100排名都非常前面。從上表可知，多數企業的資本使用回報率趨勢看好，同時毛利幾乎都不錯。

投資報酬率

另一個檢視企業績效的方式是考慮投資報酬率（ROI）；REFS已著手研擬計算這一成長數據的可行性。從投資報酬率可看出資本投資成本的報酬率，還有標的公司有沒有創造價值，或根本是開倒車。

投資報酬率代表公司整體的評價，亦包含市場本身對公司併購政策及能力的評價。投資報酬率高的企業值得較高的溢價；反之若投資報酬率低，溢價也較低。成功的買方後來不見得能順利經營，用併得的資產賺取超額報酬；同樣地，資本使用回報率記錄亮眼的公司，也不一定對出價併購這件事在行，原因可能是無力妥善整合新舊事業，或被迫支付過高溢價。

投資報酬率和其他投資數據一樣，不能孤立看待，最好視為手上另一項掌握的工具。

營業毛利

另一個競爭優勢的正面指標，是公司能從產品或服務賺到多少毛利。簡言之，毛利率就是把營業利潤除以營業額，例如有家公司營業利潤是1,000萬元（稅前息前，及無關係企業貢獻的交易利潤），營業額是1億元，營業毛利率就是10%。

毛利是重要的投資參考數據，但有些地方要小心：

1. 毛利極高會招來競爭；除非進入障礙極高，否則會吸引其他公司參一咖。理想的情況是，公司不僅毛利高，而且產品或服務「獨一無二」難以仿效，如專利保護。
2. 毛利極低則明顯提高投資的風險。銷貨小跌的效應可能不成比例，甚至重傷獲利；同樣地，小漲也可能是大利多。
3. 毛利大幅改變常常是高層新官上任的結果，因此也要參考近期毛利記錄。若經營階層是多年老面孔，毛利數據卻上演大地震的戲碼，這時要把原因想通，例如可能是陷入價格戰的深淵。回升的原因也可能是新推出或改良產品。

若毛利顯著回升，可能是產品或服務改良的結果。

4. 慎防毛利長期欠佳、所屬產業難翻身、又積重難返的企業，特別是對新高層宣稱的誇大毛利的利多消息要有戒心。
5. 若毛利顯著回升，可能是產品或服務改良的結果。要多觀察剪報和法人報告的蛛絲馬跡，更別輕易放過請公司幹部說明毛利政策與長期目標的場合。
6. 毛利記錄起起伏伏，通常代表產業定期或週期性上演價格戰。當心在毛利高檔階段買到這種股票，除非有證據顯示基本面大好，否則局勢將會截然不同。此外，毛利須一律與銷貨水準一併考量。銷貨快速上升往往會有代價。但如果銷貨提高，同時毛利不變甚至提升，將會大幅提高利潤。
7. **一家公司的毛利應該跟其他同行的數字或產業平均比較**。有時會落差頗大，箇中原因不難猜。依前面的表格，Druck和豪邁的毛利同樣是18.8%，黑色月亮指出兩家公司在類股中名列前茅，但同一時間其他知名工程業，像IMI（7.9%）、Weir Group（6.8%）、APV（2.3%）和Renold（8.9%）就沒那麼好看。
8. 毛利站穩腳步，接著就看趨勢；若每況愈下，可能是企業喪失競爭優勢的最初（或許也是唯一）的警訊。

▶▶▶ 重點摘要

1. 競爭優勢來自：
   - 頂級品牌
   - 專利或著作權
   - 合法獨占
   - 市場盟主
   - 站穩利基市場
2. 考驗競爭優勢是看產業的進入障礙。巴菲特的說法是：「對報酬不太行的企業，對手造成的傷害才是真正的考驗。」
3. 成長企業大多出現在打順手牌的類股，例子有媒體、藥廠和支援服務業，反例則是船廠、工程和紡織業。
4. 類股評比是檢查個股競爭優勢的絕佳指標，尤其資本使用回報率和毛利就像明燈；絕佳的成長股多半資本使用回報率和毛利雙高。
5. REFS在計算資本使用回報率時會剔除無形資產，以期企業營運資產的效率衡量基準一致。
6. 計算資本使用回報率時，要把加回應納稅額、非常項目、利息和股利的獲利，除以普通股、優先股、公積、各級債務、融資租賃負債、少數股權和負債準備加總等投入營業資本，便可算出百分比。

7. 資本使用回報率一律跟當前借貸成本比較。
8. 資本使用回報率的趨勢是追蹤重點，若是衰退表示公司不復原本的競爭優勢。
9. REFS正在研擬增加投資報酬率（ROI）這項數據。投資報酬率是資本投資成本的報酬率。
10. 毛利是另一個競爭優勢的指標，但要注意幾點：
    - 毛利極高會招來其他公司競爭。
    - 毛利極低會提高投資的風險。
    - 毛利大幅變化通常是高層新官上任的緣故。
    - 低毛利的產業很難翻身。
    - 毛利顯著回升可能是產品或服務改良的結果，從經營層面說詞、法人報告、剪報和年報等可看出端倪。
    - 毛利起起伏伏往往代表企業面臨定期或週期性的價格戰。
    - 一家公司的毛利應該跟其他同行的數字或產業平均比較。
    - 毛利的趨勢很重要，若每況愈下可能是企業喪失競爭優勢的最初（也許是唯一）警訊。

10
衡量企業財務實力

好的成長股，似乎都屬「印鈔機」一類，可能是這個關係，我對高槓桿的個股就是很感冒。

每股現金流量不過是企業財務實力的一環。一旦難關臨頭，諸如槓桿高低、現金餘額、平時流動性等等是非常重要的存活指標。

何謂槓桿比率

槓桿比率公認是企業融資情況的簡易指標。淨槓桿的算法是，把全體借款減去現金、國庫券和存單，再把剩下的數值除以股東出資加上品牌、專利、著作權、商譽等無形資產，所得到的百分比。鑑於緊急情況不一定容易脫手，因此借款部分未把市場性證券剔除。毛槓桿（gross gearing）則直接把未剔除現金和約當現金的全體借款，除以股東出資所得的百分比。

在REFS中會同時顯示淨槓桿和毛槓桿，並提供含或不含無形資產的數字，而且指示借款是否一或五年內需償還，否則即為五年後才需還款。以下方的截圖為例，Scottish & Newcastle的淨槓桿是39.5%，Next則是-47.5%（現金48.8%減毛槓桿1.36%）。換個方式表達，Next的淨每股現金（REFS也有）是45.5英鎊，而1996年6月當下的股價是564英鎊：

Scottish & Newcastle
槓桿，覆蓋倍數（95年）

無形資產		包含	不包含
淨槓桿	%	39.5	39.5
現金	%	6.55	6.55
毛槓桿	%	46.0	46.0
五年內將屆	%	39.0	39.0
一年內將屆	%	27.2	27.2
速動比率		r	0.37
流動比率		r	0.47
利息倍數		x	5.68

Next
槓桿，覆蓋倍數（96年）

無形資產		包含	不包含
淨槓桿	%	-47.5	-47.5
現金	%	48.8	48.8
毛槓桿	%	1.36	1.36
五年內將屆	%	1.36	1.36
一年內將屆	%	1.36	1.36
速動比率		r	1.62
流動比率		r	2.08
利息倍數		x	356

一般而言，槓桿高於50%就要留意，更要小心大部分借款為短天期的公司。高槓桿的公司身家全壓在營運的機會高得多，因而遠較無槓桿的同業脆弱，尤其是：

1. 任何積欠銀行融資或手握其他短天期借款的高槓桿企業，

對利率變動可能非常敏感。

2. 高槓桿企業可能虛有其表，碰到流動性危機期間便不堪一擊，尤其是滿手短天期借款的情況。若國際金融市場刮起冷風時，銀行現金是無可替代的戰友。
3. 高槓桿企業的表現往往比大環境趨勢「誇張」。因股東資金全數投入，連同大筆借款，以致於公司毫無餘裕，動輒得咎。如果大盤趨勢向上，高槓桿會大大為股東加分，但反之也會跌得更重。
4. 高槓桿企業顯然容易因為不如預期而自亂陣腳，例如大罷工或突發衰退等事件。

如果將部門別的財務統計放在一起看，會特別有意思。例如偏好持有房產的企業，槓桿高於不用大場地或習慣租商辦的企業。

富時中型250：依淨槓桿排序（含無形資產）												
	相對強弱		股價（便士）									
	一月	一年	十二個月									
市值（百萬英鎊）	%	%	高點	低點	近期		上一年度淨槓桿%	上一年度毛槓桿%	上一年度利息覆蓋倍數	上一年度股利覆蓋倍數	股價現金流量比	上一年度資本使用回報率
1,057	+2.9	+9.0			437	Index weighted average	27.4	59.5	42.2	2.5	5.9	31.0
569	+2.2	+2.4			345	Index median	17.8	39.3	7.9	2.4	12.9	17.5
589	-20.9	-77.9	210	64	64	Eurotunnel	458	461	0.5	-	-0.5	3.2
1,497	-2.9	+43.7	714	356	685	Danka Business Systems	358	575	9.3	8.9	49.1	27.7
369	+17.6	-	186	133	181	FirstBus	256	300	4.3	-	10.2	18.1
557	-4.1	+7.4	533	365	503	Flextech	238	262	-12.5	-	-29.0	-42.0
1,306	-4.5	+29.8	448	256	397	MAI	237	337	5.6	2.3	34.2	16.1
379	-5.7	-24.4	182	140	146	Man(E D & F) Group	213	246	2.3	2.2	-4.9	15.8
345	+7.3	+31.3	252	163	252	Cattles	195	202	4.8	2.0	26.9	14.9
558	+5.3	+16.1	350	257	346	Cowie Group	167	168	3.3	2.7	3.0	15.7
718	+6.0	+70.6	430	196	429	Stagecoach Holdings	150	160	4.8	3.3	8.9	18.9
1,168	-5.8	-22.1	484	377	404	Dalgety	149	171	4.9	1.5	9.2	21.1
783	+6.7	-4.1	947	792	902	Charter	117	208	5.0	2.2	19.2	13.6
466	+22.9	+48.0	688	367	667	Unitech	115	205	5.9	3.6	20.3	15.7
1,000	+9.7	+36.9	585	383	584	RJB Mining	104	106	7.6	2.0	32.1	1.8
1,354	+12.4	+31.7	656	421	656	EMAP	88.5	99.1	7.7	2.2	20.7	1255
865	+36.7	+15.9	680	489	680	South West Water	77.9	78.3	2.3	2.6	7.9	9.6
984	+25.0	+5.8	£12	840	£11.7	Securicor	74.5	83.7	12.7	9.7	52.6	23.5
885	+7.8	-20.4	444	337	392	Booker	73.5	129	4.2	1.3	6.1	26.0
366	+8.1	+12.8	459	370	456	Fine Art Developments	66.0	70.4	6.7	2.1	77.2	21.6
401	-5.9	+36.7	380	238	345	Inspec Group	65.2	80.1	11.4	3.8	18.1	28.2
528	+9.6	-24.6	58.5	21	49	Trafalgar House	64.5	148	-5	-	-4.0	-4.2
1,238	-0.3	-41.2	351	230	234	United Biscuits	63.8	77.8	4.5	1.6	7.0	18.1
1,598	-4.3	-30.9	963	632	715	De La Rue	62.8	119	25.9	2.5	15.5	33.3
1,254	+2.7	+14.4	940	643	814	Yorkshire Electricity	62.0	63.2	10.3	3.1	8.4	25.1
914	+6.3	-4.4	196	120	172	T & N	60.0	76.8	1.3	2.6	5.8	16.9
978	-6.4	-9.6	460	380	416	Unigate	58.4	80.8	4.4	2.0	5.8	25.0

上頁表中顯示富時中型250在1996年4月1日時，淨槓桿比率最高的成分股。可以發現第一行的Eurotunnel，比率是令人咋舌的458%。有的看法是槓桿的分母要用市值，以便排除異常情況，畢竟現今有太多的企業，握有鉅額資產負債表看不出的無形資產。不過我偏好用「原味」的股東出資金額來衡量，再比對市值的數字，看是不是有異。

我在《祖魯法則》中曾建議，槓桿比率占淨資產50%以上的企業，應該就不要下手。

如今我對槓桿寬容多了，前提是現金流量十分牢靠，而且槓桿正迅速壓低。槓桿這個交易指標，永遠都是基於去年的數字。個股要是當年度進展良好，現金流量也看俏，你便應該納入考量。例如1995年初，Frank Usher控股公司的股價約為130英鎊，用1994年5月31日財報數字計算出的槓桿比率為76%。然而1994年的每股現金流量站上16英鎊，資本支出卻只有1英鎊。1995年預測淨利提高，預料現金流量即將把槓桿壓低到好看一點的水準，同時公司的法人Credit Lyonnais Laing也預測槓桿比率在1997年將落到10%；因此本例的槓桿比率在1995年5月31日已減到20%左右。很明顯地，Usher在1994年乍見起來頗嚇人的76%槓桿並算不上問題。

四個投資工具

我發現有四個投資工具在衡量企業財務實力時派得上用場：

1. **速動比率**的用意是觀察若企業臨時得付清流動負債時會有什麼下場，是故只納入方便變現的資產，存貨跟在製品則不予考慮。基本算法是：

$$\frac{\text{流動資產}-\text{存貨}-\text{在製品}}{\text{流動負債}}=\text{速動比率}$$

   一般來說，我期待的是大於1的速動比率，但很多零售商銷售的時間跟供應商結帳的時間會早好幾週，所以即使大幅小於1，也還是不錯。畢竟不同行業的慣例差異頗大，速動比率最好跟部門平均與業內同行比。

   企業一旦發布財報，檢查速動比率是一個要項；如果數字低於業界同行，而且逐年惡化，可能意謂著面臨增資的壓力。

2. **流動比率**類似速動比率，顯示流動資產覆蓋流動負債的倍數。算法是把企業流動資產（包含存貨和在製品）除以流動負債。基本算法是：

$$\frac{\text{流動資產}}{\text{流動負債}}=\text{流動比率}$$

數字若為2.00以上的話，一般象徵企業具備財務實力。比1.25低（零售業是1.00）則表示財務虛弱。

還有，投資人若是發現流動比率有大幅起伏，代表企業的財務結構基本上已生變。零售商通常債務很輕，畢竟售貨大多銀貨兩訖，是故流動比率會低於平均水準。至於其他產業，高流動比率的原因有的是存貨囤積或債務控管不佳所致。

3. **利息覆蓋倍數**指出企業從年度利潤掏錢付息而不致中斷的能力。算法是把已往企業的常態化息前稅前淨利除以年度利息費用。基本算法是：

$$\frac{\text{常態化毛利息前稅前淨利}}{\text{年度毛利息費用}} = \text{利息覆蓋倍數}$$

覆蓋倍數低且／或惡化是明顯的警訊，有的可能會埋下日後債務重整、增資或倒閉的禍根。

REFS槓桿表中也有強調利息覆蓋倍數。例如上圖中的Eurotunnel看來有點危險，只覆蓋半數利息費用。但相反地，EMAP的利息覆蓋倍數是健康的7.7倍，Securicor和Inspec集團更高達兩位數。

4. **股利覆蓋倍數**顯示以往企業盈餘覆蓋股利的高低程度，並忽視全數發放股利時可能需負擔的預付公司稅（advanced

company tax, ACT）。算法是把公司常態化盈餘（或每股盈餘）除以淨應付股利（或每股淨股利），如下所示：

$$\frac{\text{常態化歷史盈餘}}{\text{淨應付股利}} = \text{股利覆蓋倍數}$$

或

$$\frac{\text{常態化每股盈餘}}{\text{淨每股股利}} = \text{股利覆蓋倍數}$$

若股利覆蓋倍數為2至3，便頗為心安；不過數字難看反而彰顯這個指標的價值，公司屆時可能減少股利發放，以致股價應聲下挫。

值得注意的是，好的成長股，像能多潔、路透社、Perpetual、Next、Eurotherm、Logica、Admiral、Parity、Druck和豪邁（Halma）等等，似乎都屬「印鈔機」一類，可能是這個關係，我對高槓桿的個股就是很感冒。我偏愛獲利規律的股票，多到「淹腳目」更好。既然我不是沒機會以划算價格買進滿足本身投資準則，同時現金流量穩健，且資產負債表亮眼的股票，因此除非情況極為特殊，我似乎沒必要額外冒險。

▶▶▶ 重點摘要

1. 槓桿比率大於50%就要留意，但假如現金流量真的那麼好，而且槓桿正在快速壓低，也不是不能破例。
2. 速動比率顯示容易變現的資產蓋過流動負債多少，算法是把流動資產減存貨減在製品，再除以流動負債。一般說來，速動比率要比1高，但留意不少零售業習於比1低不少的環境。
3. 流動比率類似速動比率，但加回存貨與在製品，因此這指標總是高於速動比率。通常數字在2以上即顯示企業的財務實力。
4. 利息覆蓋倍數指出企業有能力從年度利潤掏錢付息而不致中斷。數字低或惡化可能是警訊。
5. 股利覆蓋倍數顯示不計全數分派的可能預付公司稅後果，及歷史股利被覆蓋的程度。
6. 好的成長股會吐錢出來，而且通常現金無虞。因為找得到滿足全部成長標準，同時資產負債表數字也亮眼的股票，不需要額外冒險投資深陷債務、現金流量欠佳、資產負債表又乏善可陳的企業。

11
每股盈餘增長

每股盈餘急速增長的公司往往具有相同的特徵：能自我複製活動
這種公司的理想投資時機，是模式證實可行開始展店那時候。

企業每股盈餘成長率的增長，往往是買進划算股票的好機會，理由很簡單，每股盈餘預測還有成長率反映到股價上時，都是數個月後的事。

假定有家公司本來年成長15%，股價172.5元，是前瞻每股盈餘11.5元的15倍。後來法人修正看法，改為預測成長20%，那麼股價的反應會是：首先要吸收多出的0.5元每股盈餘（10元成長15%等於先前預測的11.5元，若改用20%的每股盈餘則是12元），假使本益比不變，則股價會多7.5元（15乘0.5元）；不過消息發布當週，股價可能漲更多。20%的成長率讓本益比從15等比提高為20，加上修正後12元的每股盈餘，股價便可能漲到240

元。重點是價差67.5元中，只有7.5元來自每股盈餘增加，剩餘的60元要歸功於本益比狀態調整。

最有意思的地方在於，你不需要臆測每股盈餘成長率會不會加快，你大可等到事情發生；屆時可能要多付一點代價，但手腳夠快的話，仍能攫取大部分的本益比調整利得。市場的消化速度緩慢，發布數據和前景利多的一週內，通常還來得及進場。

話雖如此，動作還是越快越好；最好密切關注企業數據，以便在狀態生變時察覺。Azlan集團是很好的例子，這家在歐洲銷售網景和IBM產品的電腦軟體及服務的廠商，曾發布一項投資人很少留意的消息：董事宣布，期中稅前獲利遠超出市場預期的100萬英鎊，來到4倍之高的400萬！

1995年末消息宣布之前的股價是350便士，宣布當天隨即漲為420便士，1996年初來到600便士，此外股東也有機會用440便士以每九股換二股的比例買進。而當股價站上600便士時，本益成長比只有0.44，上漲潛力非常看好。Azlan的啟示是，個股沒辦法迅速消化天大的利多，當股價快速上漲時，獲利出脫總是會吸引買家前來，個股在新價位塵埃落定要很長的時間。

在REFS中會迅速地由企業圖表，及公司盈餘資料及股利估計等部分偵測每股盈餘增長。

下頁圖表的Enterprise Inns是每股盈餘快速增長的企業典型。1996年每股盈餘預測成長超過100%，但1997年這數字便跌到

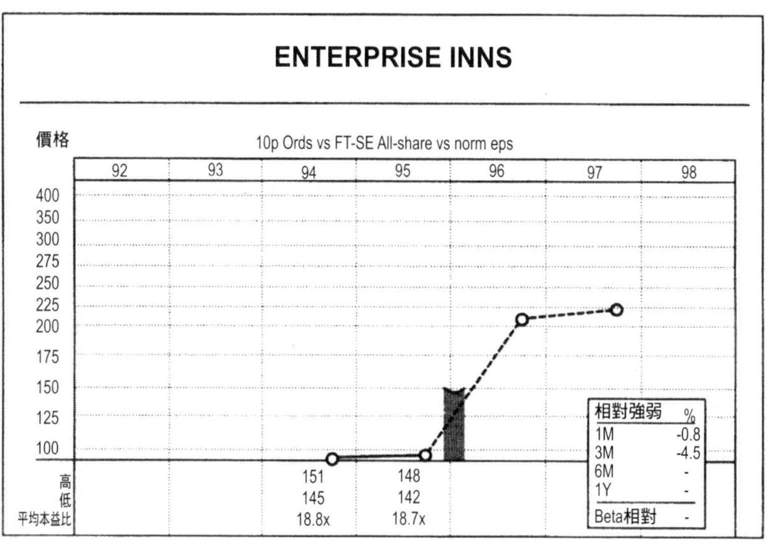
ENTERPRISE INNS
價格
10p Ords vs FT-SE All-share vs norm eps
92
93
94
95
96
97
98
400
350
300
275
250
225
200
175
150
125
100
高
低
平均本益比
151
145
18.8x
148
142
18.7x
相對強弱 %
1M -0.8
3M -4.5
6M -
1Y -
Beta相對 -

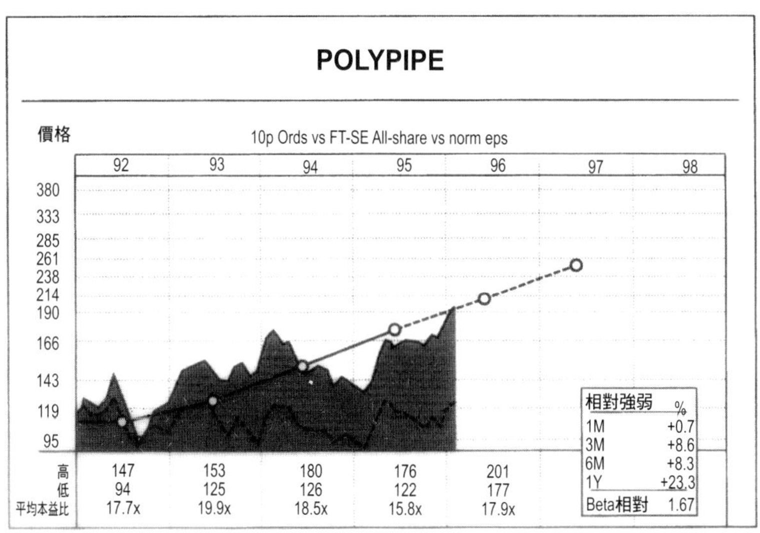
POLYPIPE
價格
10p Ords vs FT-SE All-share vs norm eps
92
93
94
95
96
97
98
380
333
285
261
238
214
190
166
143
119
95
高
低
平均本益比
147
94
17.7x
153
125
19.9x
180
126
18.5x
176
122
15.8x
201
177
17.9x
相對強弱 %
1M +0.7
3M +8.6
6M +8.3
1Y +23.3
Beta相對 1.67

5.59%，1996年3月公司資料的法人看法清楚地指出這情況[1]。

從1996年3月Polypipe圖表則可看出成長保持相對穩定的步伐，法人認為截至1996年6月的年度成長為16.8%，預測隔年則是17.7%。

Photobition集團的圖表亦可看出每股盈餘成長預測會增長。截至1997年3月底的二年期預測，即連結三個圓圈的虛線明顯往上傾斜。圖中也顯示，預測每股盈餘成長率在1997年增加至38.3%，超越1996年的26.4%。

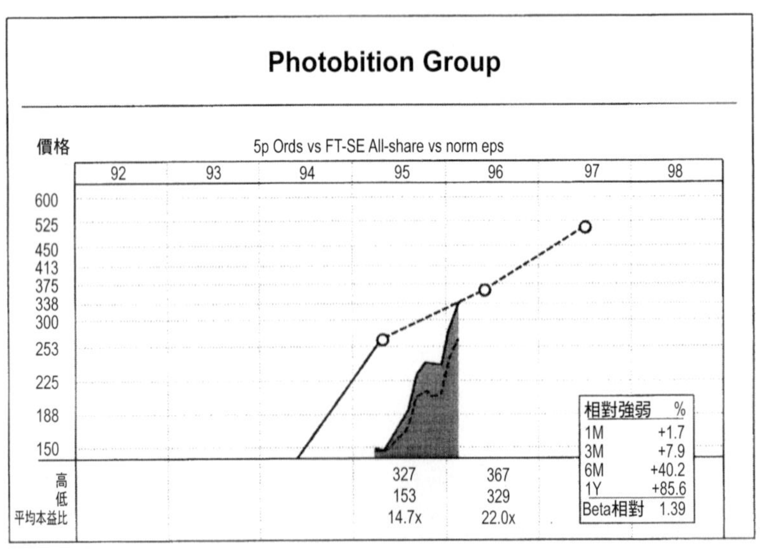

1. 1996年6月展望全然不同，當時Enterprise Inns宣布以5,130萬英鎊併購413間酒店，還有98家店面的50%股份。

檢視法人共同預測異動

共同另一個檢測高每股盈餘成長的方式，是檢視REFS的每月法人共同預測異動。

上月的當年度預測異動會依上修幅度顯示，範圍涵蓋每家指數和非指數企業，編排方式如下頁的富時小型股表格。光富時小型股指數的表格就約占五頁，後面是獲利預測下修的公司，最底下則是法人看法下修幅度最大的記錄。

閱讀這些表格時要注意幾件事：

1. 內容重點是上個月的異動，而且有時剛好跟三個月前的修正抵銷。
2. 第二欄是下年度預測，重要性一樣甚至更高。例如當年度上修，但隔年預測同幅下修或更多，就不是值得慶幸的發展。
3. 當月和過去一年的相對強弱向來是重點。
4. 法人看法通常會綜合數家的預測。重大上修往往源自事前發生預期外的期中或年度利多、重大併購或投資回收，或產業展望重要異動，最好到REFS的預估目錄中檢視相關明細。有時會因為某些法人未掌握情況，以致預測偏保守。REFS的看法對最近預測的加權較重，另外若企業往來券商的預測高於平均的話，不失為正面訊息。

	當年度預測			下一年度預測			相對強弱			前瞻本益比	前瞻本益比成長率%
	每股盈餘（便士）	一個月增減%	三個月增減%	每股盈餘（便士）	一個月增減%	三個月增減%	一個月%	三個月%	一年%		
Manchester United	15.4	+28.3	+28.3	21.2	+32.5	+66.9	+25.2	+90.9	+116	19.2	12.1
Alfred McAlpine	12.8	+25.5	+36.2	16.6	-	-	+9.8	+14.5	+4.8	13.5	206
Page(Michael)	21.2	+20.5	+36.8	23.4	-	-	+13.9	+32.1	+80.8	11.6	13.2
Renishaw	23.6	+18.0	+32.6	27.4	+16.6	+36.3	-4.0	+17.2	+37.2	17.9	19.8
Corporate Services	12.1	+14.9	+27.1	14.2	+21.4	-	+16.0	+47.7	+58.8	10.8	27.0
Wembley	28.2	+14.2	+14.2	29.5	-	-	+0.8	+7.2	+49.8	13.0	31.8
Servisair	12.2	+14.0	-	13.5	-	-	+2.0	+6.2	+25.8	23.3	12.8
Dewhirst Grp	14.8	+11.3	+11.3	-	-	-	-3.6	-0.3	+2.9	12.8	27.5
Psion	43.3	+10.7	+19.0	55.0	-	-	+11.7	+45.8	+195	24.1	31.4
AMEC	7.3	+10.6	+21.7	8.4	-	-	+13.6	+15.1	+40.4	15.5	-58.8
Bentalls	5.8	+9.4	+9.4	-	-	-	+14.2	+12.2	-15.2	20.0	92.1
John Laing	14.7	+8.9	+5.8	18.1	-	-	+1.6	+19.5	+29.6	20.0	3.9
Capital Industries	14.8	+8.8	-	16.2	-	-	-5.5	+2.0	+7.4	12.8	0.2
Birkby	15.2	+8.6	+7.8	15.7	-	-2.5	+0.7	-7.6	-25.5	10.5	3.3
Lamont	21.3	+8.1	+0.5	27.2	-	-	-3.2	+2.5	-28.8	12.3	9.7
Derwent Valley	12.2	+8.0	+9.9	12.3	+3.4	-	+3.0	+14.5	+23.5	30.9	5.4
Nestor-BNA	6.9	+7.8	+7.8	7.7	-	-	-3.6	+20.0	+51.4	13.8	16.5
Nichols(J N)(Vimto)	16.6	+7.8	-4.1	18.7	-	-	+0.9	-5.5	-12.3	13.0	8.5
McCarthy & Stone	5.8	+7.4	+5.5	6.9	+1.5	-4.2	+12.1	+18.2	+40.0	15.3	4.1
Asda Property	5.8	+7.4	+11.5	6.3	-	-	+1.3	+18.6	+6.9	24.3	-0.6
British-Borneo Petroleum	25.3	+6.8	-6.2	30.4	+9.8	-	-0.6	+28.8	+67.7	18.9	19.0
Peptide Therapeutics Grp	-15.3	+6.7	-	-17.4	-	-	+8.6	-0.7	-	-14.0	-
Oasis Stores	17.5	+6.1	+6.1	22.7	-	-	+34.5	+44.3	-	20.9	26.2
VCI	19.4	+6.0	+2.1	22.2	-	-	+6.4	+16.6	+65.2	16.2	13.0
Brammer	36.9	+5.4	+3.1	40.5	-	-	+0.5	+15.6	+20.3	14.2	14.4

5. 表格內容充其量只強調重新評價的可能性。對任何潛在目標，應輔以公司簡介、年報、剪報、法人報告等資料仔細檢視。

複製活動的能耐

每股盈餘急速增長的公司往往具有相同的特徵：能自我複製活動，例如Café Rouge的餐館、JD Wetherspoon的酒館、JJB Sports的店面，及Next的時裝店等等。

帶股東上天堂的Carpetright，是另一家經營模式奏效的零售業。這種公司的理想投資時機，是模式證實可行開始展店那時候。

複製的優點是基本功只需要「磨」一次，一旦證實零售模式可行，就可擴展到全國，過程中獲利隨每間新店面開張而上揚，中央經常費用通常降至整體成本僅僅幾個百分比，採購大增也提高對供應商的議價空間，簡言之，情況對股東非常有利。

70年代晚期至80年代，超市在這方面做了很好的示範，不過因為機會誘人，競爭也變得極為激烈，但是廝殺的下場是每隔幾年便股價飆漲，如今超市類股已不復往日投資榮景，也許只剩阿斯達有辦法稍稍令人側目。

投資人應專注從新領域，或在與眾不同且大有可為的舊領域中找出標的。新股上市往往標示著投資機會，例如1995年中，小型女裝連鎖店的綠洲服飾（Oasis Stores）以148便士價位掛牌，它抓住年輕女性對有別於馬莎百貨和Next的中低價位流行服飾需求，股價到了1996年4月就漲到390便士。

據點設在市區外的寵物專屬超市寵物城（Pet City），是近來另一個成功的市場標的。我在1996年初挑了個週日，到他們的愛丁堡分店逛逛，裡頭擠滿了人，生意很好，不過暫時還沒獲利。像這種情況我寧願多觀察，等看到財務數字再說。

重點是明白在大利多時，你往往有充裕的時間上船。例如JJB Sport在1995年底已比1994年底上市漲了170%，即使價位來到575便士[2]之譜，一年的前瞻本益比也只有15，大約等於市場平均。普通公司的每股盈餘成長預估為10%，JJB預估成長約30%，過去五年則超過50%。

1996年1月，JJB宣布1995年12月24日為止的四十七週，整體銷售上揚50%以上，更驚人的是同期銷售上揚17.8%。公司表示七間新大街店面的合約已交換完成，而且1996年將再開十五間市區外的賣場。

JJB的新聞中夾帶一個不容放過的重要訊息。買或開新店面提升銷售固然很好，但零售業更上層樓的關鍵是現有分店是否進步。關鍵字是「同期銷售」，一旦這數字走下坡，就是該說分手的時候。

能成功自我複製活動的公司，本益比往往不低。美國尤其如此，本益比動不動就來到30，有時更高達50。主因是美國本土市

2. 1996年6月一度辦理2比1紅利分派。

場大，零售構想推廣起來，也許比英國多上5到6倍。美國的投資人對「爆發性成長」習以為常，也欣於支付代價；但英國的投資人對成長率優異的個股持有戒心，反而容易划算地入手成長股。

此外，記得別支付太高的（前瞻）本益比倍數，我自己是設為20倍；過幾年本益比註定會回歸均數，中間的跌幅則必須靠持有期間攤提。舉例來說，Harry Ramsden英式餐廳多年來順利在英國和海外展店，然而1996年5月那時，併購傳聞甚囂塵上，本益比來到30幾倍，以前最好時不過20幾倍，雖然看好它的成長，我仍覺不值投資。

▶▶▶ 重點摘要

1. 每股盈餘成長從快速增長到反映至股價上需要一段時間，屆時會呈現在價位還有提升的本益比（因成長率增加）上。
2. REFS圖形能看出每股盈餘成長趨勢，與每股盈餘預測交會的虛線攀升，表示每股盈餘增長，下沉則表示放緩。
3. REFS的每月法人共同預測變化，是偵測每股盈餘成長率走上坡或下坡的好方法。
4. 可以的話應逐一檢視背後的法人預測，尤其是個股的往來法人，數字可能比較可靠。
5. 每股盈餘爆發成長往往源於自我複製成功模式。
6. 新股上市（示於REFS的非指數圖表）是即將靠複製大發利市的新手獵場。
7. 同期銷售數據一定不能放過，若走下坡可能是企業面臨過多競爭。
8. 別碰徒有複製模式卻沒獲利，或前瞻本益比評價倍數超過20的公司。這會為將來的成長支付過高代價，到頭來你的報酬不會好看。

12
其他投資基準

「推陳出新」本身不是買股的原因，還必須要是基本面看好，若是的話，它便是上佳的甜頭，也往往是每股盈餘快速增長的原因。

小本個股

我在《祖魯法則》曾比喻「大象不會跳舞」。道理很淺顯，經營階層將一家市值5億的公司規模翻倍的難度，比經手500億時低多了。站在投資人的立場，市值區間以3,000萬到2.5億英鎊為宜（約新台幣14億到116億元）。

五十年來，小型股績效比大盤高出約3.8%，不過往往常年乏人問津。小型股的主要劣勢是缺乏市場性，較不得法人青睞。對散戶而言，一檔股票能入手的數量有限，要買要賣通常問題不大，但多金的法人要出手便可說茲事體大。

不是說散戶投資小型股就不必小心，只要握有籌碼的主力發現苗頭不對，個股可能就要倒楣，不僅股價劇烈波動，造市抽頭的機會往往大增。REFS在股價旁邊揭示造市者樂意買賣的股數以NMS（正常市場規模）標示，但數字是以千為單位，例如3其實是3,000股。

我的成交量比多數散戶都大，當我要買的時候，通常願意稍微多出一點，好買下想要的股數，同樣地要賣的時候，有必要我也願意給些折扣。豐收的投資利潤通常足以彌補交易小型股的額外成本。

另類投資市場

1996年年中，約有二百家公司在另類投資市場掛牌，當中規模最大的Trocadero市值達3.5億英鎊（約新台幣162億元），第二大的美南報業有1.4億英鎊（約新台幣65億元），第三大的Pet City Holdings規模僅0.98億英鎊（約新台幣45億元），規模最小的Silkbam市值僅58,000英鎊（約新台幣270萬元），有十五家企業市值小於200萬英鎊（約新台幣1億元）。

我很少到另類投資市場交易，因為多數個股的市場性都不符我的需求，法人預測也非常少。我建議投資人手上要握有勁爆情報才特地去另類投資市場交易。

微型指數

微型指數若剔除投資信託大約剩七百家公司，市值上看1億英鎊（約新台幣46億元）。1996年6月有這規模的公司，像Regal Hotel Group和托特納姆熱刺足球俱樂部（Tottenham Hotspur），可望納入富時小型股指數之中。

微型指數的成分股中有許多初創的公司，不過落魄的公司數目也差不多。這個指數因為收容從其他指數降級，以及從未大展身手的企業，在1996年年初只有六十家公司有本益成長比的數字。

除非你掌握什麼特殊情報，否則要小心微型成分股。一般來說，最好要挑至少有兩家法人預測獲利，而且數字接近的個股，而且確認市場性可輕易出脫持股，造市者的抽頭也還好。舉例來說，若價位買在100到110元，後來漲到140到150元，用140元賣掉買進成本100元的持股，賺得的價差只有約30元（扣掉佣金），這項未來費用在一開始買股的時候就要了然於心。

富時小型股指數

富時小型股指數約有四百檔股票，1996年6月市值介於Wilshaw的2.3億英鎊（約新台幣108億元）到信佳集團的3.3億英鎊（約新台幣155億元）之間。這裡是本益成長比的好獵場，成分股規模夠大，比微型股保險，通常不只一家法人在追，市場性更佳，而且公司首要核心業務往往還處在大有可為的成長階段，如鋪展體育用品店的JJB Sports和比薩店的Pizza Express是兩個好例子。這兩家公司在來到飽和點前，全英國據點應該能翻上3倍。相反地，也很成功的Next（後納入富時100）便已不能指望它在英國大肆展店，勢必得靠現有據點多多升級才能帶來成長，接下來的超成長必須靠海外擴張，也帶來較大風險。

中型250指數

從名稱可知，這指數有二百五十檔股票，1996年6月市值介於Wickes的2.6億英鎊（約新台幣120億元）及Lucas略高於20億英鎊（約新台幣926億元）之間。在八個六個月期的測試樣本中，本益成長比法則在中型250指數表現出色。而1995年6月的十三個六個月期測試樣本中，光看本益成長比未達0.75這個條件，中型250指數平均則只繳出9.56%，落後低本益成長比股的均值14.88%。

雖然有段差距，但低本益成長比用在這裡，不像富時100和富時小型股指數那麼好。中型250指數在核心活動未實現成長的企業似乎缺少集中的火力，驚豔的例子是有，像捷達集團、Sage和Carpetright，除此之外極佳的個股極少見；也許日後的測試結果會更好看，REFS將會逐月查閱檢定結果。

富時100指數

這指數顧名思義納入英國前一百大的公司，1996年6月市值介於英國石油的310億英鎊（約新台幣1.4兆元）到Lasmo的17億英鎊（約新台幣787億元）。富時100指數的成分股的優勢是市場性極佳，會吸引海外投資人慕名而來，此外也會持有指數型基金。

因為市場性較佳，投資人在此可稍微放寬一般的標準。例如一檔富時100成分股買在本益成長比為0.75，而非我習慣的0.6亦無不妥；事實上標準不得不降低，否則會損及投資範圍的價值。例如1995年年中，只有五檔股票符合本益成長比未達0.75的標準，但它們績效也遠優於大盤。REFS推出後，就以0.75的本益成長比臨界值回溯測試富時100成分股中，十三個本益成長比未達0.75、時間始於1994年11月的六個月期樣本，結果發現平均漲幅為21.04%，同期間指數僅上漲9.53%。

非指數

REFS也按月提供非指數企業的記錄，並表列低本益成長比、高成長率等數據的非指數個股。這類公司大多會在一年之初納入指數，如微型股，接下來隨時有非指數個股掛牌，充實這個分類。

非指數目錄是另一個絕佳的低本益成長比獵場。新股的好市場往往幾個月後才明瞭，而且隨著非指數股被各指數採納，接下來往往受惠於被動複製的指數型基金。

誘人的股利收益

股利收益可觀本身對成長投資人不算什麼；巴菲特一向認為保留盈餘對股東更有益，成長企業靠這些錢擴張，通常能賺到絕佳的資本報酬。

不妨說，公司留下發股利的錢再拿來運用，結局比股東自己用好。

不過可觀的股利收益對股價有撐；通常資產股的效果比成長股明顯。多數投資人情願成長股發股利，少少的也行。有的基金不投資不發股利的公司，所以法人買進是好消息，畢竟等你要脫手時，是它們來接手。

另一個偏好股利收益的原因，是期中和年中的股利多寡，透露出董事對商業前景的信心。例如一間年年加發股利的公司，某年突然不加碼甚至大砍，可能就是警訊。

買股票有好幾個只仰賴高股利收益指引的成功之道，最有名的是麥克．歐希金斯（Michael O'Higgins）在《打敗道瓊指數》（*Beating the Dow*）中一書提出，而我在著作《個人持股計畫增加你的財富》（*PEP Up Your Wealth*）以英國為例的方法，但結果常是財務困難，同時股價只靠股利收益在撐。成長投資人大可換個方法，用不著過分擔心幾個百分點，而是適度強調連年增加發放股利，且來年預測也續增的股票。

買回庫藏股

公司宣布買回自家股票，同時確認開始動作時，通常代表利多。

首先，這表示董事會對公司有信心，而且通常表示公司的流動性很好。

其次，公司從市場中買回發行出去的股票並註消，緊縮股票的供給。

第三，買回股票通常提升盈餘。舉例來說，若某支股票前瞻本益比14，亦即稅後盈餘占股價7%左右，稅前則約占10.5%，就是說一項帳上資產產生的回報必須至少有10.5%。1996年年中，企業稅前頂多從現金結餘賺取5%左右的利息，而中間額外從減少爛頭寸及發行股數上彌補的5.5%，其實顯著提升盈餘。

買回自家股票的公司之所以受青睞有另一個原因，這動作顯示董事心中有股東，雙方想法貼近。

巴菲特並且提倡，手上有爛頭寸的公司，應該考慮將現金發還股東，一視同仁的收購是不錯的方式，這樣一來股東既可續抱股票，也可部分出脫落袋為安。

雖然公司買回自家股票不等於投資人的進場訊號，但它無疑大大為心中的算計加分，效果非常類似董事集體買股。

推陳出新

「新鮮事」往往是不錯的買股原因，有意思的「事情」分成四種：

1. **新經營階層**
2. **新技術或新產品**
3. **新的產業活動，包含立法**
4. **新併購案**

新經營階層的部分已在第八章介紹。

新產品或新技術這點，推出革命性掌上型電腦，扭轉公司命運的Psion是很好的例子。我最早是在1992年的《週日金融通信》中推薦這檔股票，價位是100便士，當時它的新電腦還在「萬事起頭難」的階段，不過我清楚問題一旦解決，接下來就會扶搖直上。時值1996年5月，當初的問題已成往事，股價也站上1300便士。

REFS的訂戶在1995年5月時便已注意到這檔本益成長比，那時候公司經營階層開始一展身手，股價來到323便士，本益成長比也僅0.64，那時有上車算是賺到。從後見之明來看，押注在經營階層能解決重大問題上，顯然比事後再投資要賺得更多，但相反地，若押錯也會賠得慘。

Memory這樣的公司，大可靠維修電腦晶片的技術賺進源源不絕的利潤，但這尚未反映在數字上。這本書著重在站穩腳步，且至少有四年每股盈餘成長記錄可考的成長股，四年包括歷史、預估或綜合二者皆可。採用這方法的投資人，看中的是一隻腳踏出去，另一隻腳也隨即跟上，且每股盈餘的快速成長可望實現的個股，雖然因此錯過開始那一段，卻不怕沒賺到後來的波段。

新的產業活動範圍很廣，可以是北海發現石油、電視執照法規修改、主要對手潰敗，或英法海底隧道開通等等。愛爾蘭共和軍（IRA）停戰對倫敦的餐館酒店來說是一項利多，相反地，石油漲價則是航空業者的利空。投資人別忘了關注這類可能具體影響股價的消息。

新併購案的效應也不小。Hanson買下帝國菸草身價後水漲船高，一夜之間躋身全英國的大咖玩家。較小的案子，如Wassall併購美國的通用電纜無疑是筆好買賣，隨著綜效開始實現，Wassall股價也受惠頗多。

換股的併購可能會稀釋每股盈餘，而且額外股份會影響行情；有時市場要花好長一段時間才能吸收大增的股本。

併購的重要作用是提升盈餘，至少長期來看是如此。市場不青睞Farnell Electronics以高於自己不少的倍數買下美國企業Premier，盈餘反倒被稀釋的併購案。Farnell長期仍可望扳回一城，證明併購提升盈餘，但經營層要多花不少力氣，才能填補發股稀釋的每股盈餘。

我印象中，最棒的併購是那種產業結構分散，規模小且幾乎沒消沒息的肥羊。我記得Photobition每年會買下三或四家對手，其營業額往往自行吸收，並賣掉資產以省下多數經常費用。這類併購往往無人聞問，但累積下來對日後每股盈餘成長的影響深遠。

總而言之，「推陳出新」本身不是買股的原因，還必須要是基本面看好，若是的話它是上佳的甜頭，也往往是每股盈餘快速增長的原因。

股價營收比

詹姆士．歐沙那希（James O'Shaughnessy）最近研究標準普爾CompuStat資料庫時，指出若股價營收比不到1.0，加上十二個月相對強弱走高，合起來就是四十三年來最有效的投資基準。肯尼斯．費雪（Kenneth Fisher）支持這項說法，並在著作《超級強勢股》中，講解低股價營收比在評價步入利空的科技股時的妙用（見第十七章）。

股價營收比的算法是公司市值除以扣除加值稅的總營收，用股價除以每股營收會得到一樣的數字。

股價營收比主要用在有起色的場合，或檢查成長股沒被高估，對虧損而無本益比可供評價的個股特別有用。通常有麻煩的公司不會發股利，股價營收比是少數僅存的評價工具。其他條件不變，低股價營收比（營收占市值相對高）是一項利多，股價營

無法成為獲利的營收，對公司沒有價值

收比極高則可能是警訊。

不用說，無法轉換成獲利的營業額，對公司沒有價值。例如營建業帳上的營收可能很可觀，但除非房市熱絡，否則很少賺大錢，因此股價營收比要跟毛利、毛利趨勢和業界評比一起看。業界評比往往能看出有趣之處及投資契機。

另一個重要的變動因子是債務水準。平平股價營收比一樣低，無債的公司就明顯優於一身債的公司。而到了某個時間，欠債必須還錢，增資於是難免；額外股份在市場流通，會提高個股的股價營收比。因此，REFS的低股價營收比報表會一起揭露槓桿和股價營收比。

理論上股價營收比評比要準，槓桿必須保持合理水準，否則理當設想或有增資的情況，且基礎要全體一致。總之槓桿很高的公司，不能光看股價營收比的表現數字。

舉個股價營收比不錯的例子。1991年3月，Next的市值若以30便士計算有1億英鎊（新台幣約46億元），營收則有4億英鎊（新台幣約185億元），算下來股價營收比是很好看的0.25（1億除以4億），不意外地，1996年5月在新經營階層帶領下，股價回升到530便士。

不過有意思的地方是，Next即使在打消債務而把Grattan賣掉，同時復甦隱約可見之時，股價營收比依舊非常低。這之前的1990年12月，它的市值隨營收預測跌到11億，營收含Grattan則有370億，股價營收比是離譜的0.03，但那時候尚難以看出起色。

對價值投資人來說，若股價營收比為0.5或更低，或有的斐然價值就已浮現，且指出日後復甦的幅度。而對成長投資人來說，股價營收比不到1.0的實益在於價值篩選，如果其他條件，包括低本益成長比、現金流量充裕、相對強弱高等要件都到位了，低股價營收比就是一道額外的保險。

找到全部特徵都符合標準的個股不是難事，例如在1996年3月，Ideal Hardware、Parity、MITTIE、Sanderson Electronics還有Pressac都是。

當中Ideal Hardware的例子突顯一點，這家堪稱薄利的經銷商，股價營收比低不意外，重點是要跟其他同行和產業平均比。

不要弄混，低股價營收比不是成長股的要件。好的成長股往往股價營收比可觀且長年如此，例如1996年3月，成長股典範的能多潔，股價營收比達4.80，毛利為24%，對照能多潔出價那時，BET則是1.07和5.97%。可以想見能多潔經營層多想入主BET，好提升它們的毛利。

▶▶▶ 重點摘要

1. 市值落在3,000萬到2.5億英鎊（新台幣約14億到116億元）的小本個股，績效凌駕大盤的機會較大，也更有機會打敗列入富時100指數的笨重同業；股票往往是納入指數後受惠於指數型基金而出頭天。
2. 會發放股利的公司較受歡迎。股利擴大潛在的買主客群，同時彰顯董事對前景的信心。
3. 買回自家股票通常是利多，象徵有信心而且流動性佳；股票供給因而緊縮，而且通常提升盈餘。
4. 推陳出新是不錯的加分，可能來自新經營層、新技術、新產業活動，或新併購案。
5. 低股價營收比是有利的投資特徵；評比公司之間的股價營收比時應考量槓桿比率高低。公司業務性質是重要的因素，例如毛利低的經銷商，股價營收比往往也低，而許多好的成長企業的股價營收比長年維持高檔。低股價營收比不是成長股的要件，而是加分用的價值特徵。

第三篇　凌駕大盤的附帶條件

隨著你的技巧精進，我敢打包票你會開始享受投資這件事，
就像熱衷其他習得的技藝那樣。

13
如何選擇券商

一分錢一分貨，該給的就別吝嗇，而且最好挑個性靈敏又求好心切的營業員。

投資人若要出手進場，大多得先解決一件事，就是往來券商是只下單就好，還是希望多一點其他服務。陽春型券商雖然佣金便宜，但不少投資人希望別人出點意見，自己聽完再做抉擇。

如果覺得券商用處只是下單，富達和Sharelink是兩家最有名但索價也不是最便宜的大券商。富達經紀是波士頓的富達投資在英國開設的股票仲介商，跟他們往來除了下單，還可以免費取得廣泛的市場及企業資訊，但決定還是得由投資人自己下，因此不必多付佣金。廣義來看，富達的手續費是散戶傳統仲介商的一半左右。

Sharelink的資費則跟富達差不多。他們涵蓋前六百五十家企業的Sharefinder服務有三大功能：每週績效摘要、每週買賣指

進場投資前得先解決一件事：慎選券商。

引，及個股報告。額外服務雖然會適當酌收費用，但錢算是花得值得。

其他手續費看來不錯的下單型券商，像City Deal Service隸屬Cater Allen集團，成交1,000英鎊股票的手續費只要9英鎊，YorkShire Building Society的股票交易服務YorkShare收費也差不多。這兩家還提供個人持股計畫（personal equity plan, PEP）[1]，還有其他如稅務年終附買回等服務。

傳統券商買賣股票的佣金區間，視成交額跟客戶的身份而定，約落在1.65%到0.3%；不過一分錢一分貨，該給的就別吝

1. 個人持股計畫是英國政府於1987年開始，向投資人推行的投資計畫。這部分投資可享受所得稅免除優惠。1999年被個人存款帳戶（Individual saving account）取代。

嗇，而且最好挑個性靈敏又求好心切的營業員。

很多散戶覺得自己出手不高，便不好意思要求太多，而且營業員可能也不太想理。這時REFS正好派上用場，它能替訂戶跟營業員淘汰不值得花時間的股票，把力氣省下來，以免白忙一場。如此一來，你就能專心做自己的研究，把握真正有潛力納入手中持股的標的。如果有家公司的現金流量遠不及每股盈餘，或前一年相對強弱數字不好看，或本益成長比大於1——把它槓掉。有的是符合你全數條件的股票，幹嘛為此浪費時間，況且你營業員正在取得的消息，對最後分析用處不大。

你最少要檢查一支股票最近兩年的年報跟期中報表，還有最近六個月的剪報；三年分的報表加一年分剪報更好，不過這分量對每星期例行個股檢視來說可能太重。若不想動輒麻煩營業員的話，最好跟標的公司的經辦索取年報和期中報表，對方通常會幫忙，REFS的企業資訊有提供傳真號碼。

我一向要求往來的券商，設法拿到其他券商針對我有興趣的公司發布的通報；研究永不嫌多。

不管後來有沒有出手，都不妨留下檔案；你都會發現常常用得到，而且每次要重頭開始實在很沒效率。假如你有出手或打算投資更不用說，存檔之餘還要更新。

在投資決策拍板定案前，你也應該好好地檢視REFS記錄，連同董事交易還有公司在同業的評比。有待斟酌的因素和比率數目不少，下一章會告訴你如何把這些片段串在一起。

14
全盤考量選股

我習慣把這些選股基準想成袋子裝的彈匣，不過這些子彈不見得都會射出，而且有的可能脫靶。

前面的章節已講解大量的投資基準，有的是要件，有的是高標，其餘是最好當成加分條件。首先我列出全部的基準，並將它們歸類：

必要條件

1. 本益成長比

富時全股指數的成分股，半數以上拿不到本益成長比，所以冠上本益成長比是大大加分。這頭銜至少代表公司一連成長四年，不問是不是合併了歷史和預期數字。

如果一家公司未來一年明顯會拿到本益成長比，或僅差本益成長比資格一丁點，那麼可以略為放寬。不過多數情況下，本益成長比不可或缺。

我在《祖魯法則》曾建議把董事長的樂觀聲明列入要件。本益成長比的資格多少表示法人不認為每股盈餘有利空。不過年報上面任何針對前景的聲明，或董事長在股東大會的說詞（皆可參考REFS）仍應連同新聞報導一併檢視，已確認可高枕無憂。

本益成長比的臨界值必須配合市場平均。1996年4月，市場的本益成長比約是1.5的歷史相對高點，這種背景下，本益成長比未達1.0就可堪稱好的投資標的，本益成長比未達0.75看好度是大盤2倍，本益成長比未達0.6則是2.5倍。

本益成長比臨界值視手上的資金多寡而定。設在0.6再加上其他篩選條件，往往結果剩十支股票，對散戶可能還好，但對規模龐大的基金，宜從1.0著手以留下較多股票，當中少數是富時100成分股，多半來自中型250指數。

2. 前瞻本益比未達20

本益比若超過20，本益成長比就要低到能出手的程度，未來成長率就也得高到不像話。本益比最穩當的區間是10至20，成長率則建議落在15至30%。

3. 現金流量強勁

前面提過，現金流量這道關卡不會提高績效，不過對神經兮兮的投資人（我算是這型的）來說，是多一道保險，而且萬一步入空頭可能就有用了。

對我而言，現金流量充裕不可或缺；我希望每股盈餘年復一年兌現，化為充裕的帳上現金，最起碼要迅速把槓桿壓低。

上次報表的每股現金流量應該超過每股盈餘；如果理由正當，可以對稍稍短絀睜隻眼閉隻眼（如銷貨增長太快，以致營運資金大增）。但如果上次年報的數字是負值，五年的平均每股現金流量就要遠遠高於同期間的每股盈餘才行。

還有，上年度資本支出不該超過現金流量，而且五年平均也應明顯不及現金流量。同樣地，如果理由正當，可以對上年度的例外讓步。理想的個股是生的錢多，而且不必全花在資本支出，也不怕被淘汰。

4. **低槓桿或現金結餘**

槓桿在50%以上就要小心，實務上如果現金流量強勁，我願意放寬到75%。例如Frank Usher Holdings在1999年初槓桿不只75%，但1996年4月已降為25%。

現金結餘向來是好成長股的徵兆，例如1996年6月能多潔、Next、Carpetright、Eurotherm、Logica、Parity和JJB Sports都滿足這項特徵。帳上現金充裕往往是一間公司真的在成長，而且每股盈餘能變現的有力證明，這些銀彈可用在資本支出和併購，或從股東手中買回股票，或發更多股利。

5. **相對強弱走高**

上個月相對股價強弱必須是正數，前一年相對強弱必須為正，而且大於一個月的數字。

上個月的數字是我建議唯一讓步之處，若好的成長股暫停腳步，有時會稍轉負值，這時候我會檢查三個月的相對強弱，如果也是負數，那我就槓掉這檔股票，另外再找。

6. **競爭優勢**

我的持股通常是從所有掛牌股票，套用低本益成長比、現金流量、相對強弱等篩選條件逐一淘汰，再設法找出剩餘股票之所以數據出眾的競爭優勢，1995年年底，我靠這程序找到了Forth Ports和Rutland Trust。這兩檔的特徵是坐擁港口，在這之前我沒打過港埠的主意，如今道理很淺顯，就跟收費橋一樣，它們在地方上必定握有相當優勢，所以財務數據才會那麼亮眼，前景才那麼看好。

JJB Sports有運動用品店、Carpetright有地毯店、Pizza Express有比薩店，背後都有可行的商業模式可供複製，而我是先用REFS和數字條件過濾，之後才檢查它們的競爭優勢，釐清數據何以如此亮眼。

第九章曾介紹多種可充當企業勝出法寶的競爭優勢，而且通常從高資本使用回報率和營業毛利率可以看得出來。

7. **董事交易**

如果好幾名董事正在賣掉持股，我肯定會把那檔股票槓掉。董事買股很可取，但非不可或缺；大肆出脫則是要件。

高度誘人

1. 每股盈餘增長

最振奮人心的指標，尤其來源（如複製活動）可辨認，而且看似會持續更好。

2. 董事買股

一群董事買股向來是好消息。

3. 市值

我偏愛介於3,000萬至2.5億英鎊之間（約新台幣14億至116億元）。

4. 股利收益

優先選發放股利的公司；多數公司都會發，不發的就要小心。

加分因子

1. 低股價營收比

股價營收比低是可套用在成長股、為其加分的絕佳價值特徵。

2. 推陳出新

執行長換人、新產品或大併購案，對日後每股盈餘的效應斐淺，而且往往開啟本益比的重新評價。

3. **股價研發比低（Price-to-research, PRR）**

這指標僅適合年年投入大筆研發經費的公司。依最新年報的研發支出占市值1%以上，低股價研發比才會顯示在REFS的公司記錄。

低股價研發比的算法是把市值除以總研發支出。藥廠和電腦軟體業者的股價研發比低是好現象，表示公司將大筆資金用在日後發展。更多內容見第十七章。

4. **合理的資產狀況**

這項要求對成長股較無急迫性，而且只有在槓桿高的場合才具嚴重性。

射出手中的子彈

我習慣把這些選股基準想成袋子裝的彈匣，不過這些子彈不見得都會射出，而且有的可能脫靶。最好的講解方式是實例演練，不過所有提到的個股，僅供書中解說之用，並非真的推薦。我用的1995年11月27日的12月號REFS，到本書出版時過時已久，不過方法才是重點，公司只是參考。

富時小型股指數是絕佳的本益成長比獵場，所以我每個月收到REFS時，一定先看小型股有哪些本益成長比低的股票。下圖摘自1995年11月27日小型成分股本益成長比未達0.6的列表：

先提醒表中全是拿到本益成長比的股票；總數四百支成分股裡面，有一百六十支通過這道關卡，但只有二十支股票符合本益成長比未達0.6的第二道關卡。

富時小型股：依本益成長比排序

市值（百萬英鎊）	一個月相對強弱%	股價（便士）十二個月高點	低點	近期	公司	前瞻本益成長比	前瞻本益比	前瞻每股盈餘成長率%	三年每股盈餘成長率%	一個月預測變化%	一年相對強弱%	去年年報現金流量／每股盈餘
160	-2.5			283	Index weighted average	1.05	22.3	26.6	29.3	-3.8	+0.4	1.6
93	-3.8			183	Index median	1.01	12.5	13.6	16.9	-0.6	-12.3	1.3
50	-4.2	499	330	485	Norbian	0.37	16.7	44.7	63.2	-	-1.7	-
40	-7.6	110	80	89	Pelican Group	0.39	6.6	17.0	6.7	+1.7	-33.3	-
74	-3.5	109	70	103	Yorkshire Food Group	0.40	12.4	31.0	17.8	-	-3.1	1.6
39	-8.2	166	124	156	Perry	0.41	8.3	20.1	28.9	+0.6	-18.9	1.1
130	-5.1	303	221	289	British-Borneo	0.43	10.0	23.1	3.1	+2.6	+13.3	2.5
65	-5.0	206	152	190	Sanderson Bramall	0.46	9.1	19.8	27.1	-	-1.3	0.6
74	+4.3	175	106	175	Parity	0.49	13.9	28.7	24.2	-	+17.6	1.4
305	-1.2	131	63	130	Ashley(Laura)	0.49	34.0	69.7	152	-	+39.4	4.0
208	-1.4	96.5	51.9	95	Mayflower Corp	0.49	15.4	31.2	31.4	-	+55.1	0.3
100	-17.1	156	108	109	Vardon	0.50	10.8	21.7	96.0	+1.2	-23.1	1.5
82	-3.2	356	224	324	Delphi Grp	0.54	11.2	20.8	57.8	+1.6	+19.3	-
181	+0.4	361	173	361	Business Post Group	0.54	17.4	32.1	50.7	+0.6	+98.5	1.2
171	-7.3	217	145	193	Hogg Robinson	0.56	9.4	16.9	5.1	-	-18.9	1.3
159	-7.3	362	257	341	Independent Insurance	0.57	6.6	11.5	-	-0.2	+20.3	-
201	-2.1	269	198	214	Frost Group	0.58	13.0	22.6	30.8	-0.7	-15.9	2.2
99	+5.8	41	25	40	Rutland Trust	0.58	13.6	23.3	0.4	-4.0	+27.8	5.0
94	+1.8	604	307	599	Regent Inns	0.58	16.7	28.6	48.3	+1.5	+70.8	0.6
198	-8.7	482	346	437	Brammer	0.59	12.3	20.7	13.9	+1.0	+9.8	1.5
41	-3.5	131	106	111	Hill & Smith	0.60	9.6	16.0	3.6	-	-26.1	1.0
125	-3.5	274	151	266	Vardy(Reg)	0.60	12.2	20.3	31.0	-	+43.5	0.8
186	+5.3	373	324	361	Trinity Holdings	0.61	14.4	23.6	40.3	-	-2.3	0.7
90	-1.6	110	78.5	106	Aberdeen Trust	0.61	14.5	23.7	66.5	-	+17.4	1.3
99	-1.2	798	625	798	Admiral	0.62	15.9	25.8	13.9	+0.3	+6.1	1.1
216	+0.2	110	81.5	110	Singer & Friedlander	0.62	9.2	14.8	-	-1.9	+15.0	-
99	-8.6	174	110	161	Page(Michael)	0.65	10.5	16.1	43.3	-0.7	+20.7	1.9

第三道關卡是剔除現金流量不及每股盈餘的個股，從最後一欄清楚可知，Norbain、Yorkshire Food、Sanderson Bramall、Mayflower、Delphi Group、Regent Inns（可惜了）和Reg Vardy遭淘汰。注意留在名單上的Independent Insurance，**銀行保險業者不必看現金流量，金流是它們的老本行**，數據意義不大，是以REFS未顯示。

第四道關卡是過去一年的相對強弱，這方面Pelican Group、Perry、Vardon（賓果生意被彩券拖累）、Hogg Robinson、Frost Group（車行被汽油價格戰拖累），還有Hill & Smith都不及格。

於是名單減為：British-Borneo Petroleum、Parity、Laura Ashley、Business Post Group、Independent Insurance、Rutland Trust還有Brammer。

下個關卡是過去一個月的相對強弱，重要性不如一年期，且可以三個月的正值優先。-5.1%的British-Borneo三個月是+3.5%，-12.2%的Laura Ashley三個月是+16.2%，可惜-7.3%的Independent Insurance三個月僅有-2.9%，-8.7%的Brammer三個月僅有-3.8%。

最後名單剩下的股票是：

	股價
British-Borneo Petroleum	289
Parity	175
Laura Ashley	130
Business Post Group	361
Rutland Trust	40

接著需深入檢視這幾家公司的REFS公司記錄、年報和法人報告，確認競爭優勢、前景聲明、消息面悉數樂觀，查明董事持股異動，及核對其他重要數據。

1. British-Borneo Petroleum

這家公司在墨西哥灣握有龐大石油利益，該處在政治和地理上是公認數一數二安全的油田。1995年12月，當時未見董事交易股票，前景聲明還好。現金流量相當好，有53.1便士，但要填補增產的龐大資本支出。本益成長比是石油業罕見的0.43，本益比只有10，要件可說悉數到齊。

至於高標和加分，比較要緊的每股盈餘有在增長，1994年是9%，1995和1996年分別預測13%和24%。市值是不錯的1.3億英鎊（約新台幣60億元），股利收益3.46%過得去，稍低於市場平均，但在類股算好，股價淨值比1.5對股價有撐。整體而言相當令人滿意。

2. Parity

1995年12月Parity的REFS公司記錄如下圖；外觀是老式的半頁格式，上頭幾乎囊括我提到的重點。Parity圖形好、相對強弱正、本益比適中、本益成長比極低、成長率高、資本運用報酬高、現金結餘，現金流量出色；期中數字亮眼，董事長對前景有信心。

Parity從事電腦顧問業，提供2/3富時100企業電腦用戶專業的人才和訓練，旗下有75,000名以上的特約人才，而且會定期檢視工作成果。

股價營收比是好看的0.74，但毛利4.55%頗低，係擔任中間人並收取顧問酬金固定百分比的緣故。這行業進入難度很高，磨合問題不大，Parity看來已在好產業的快速成長市

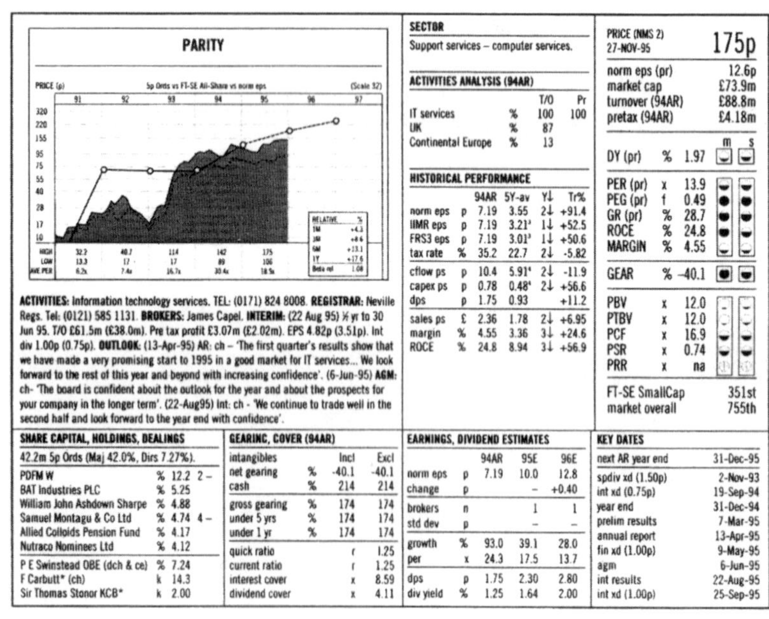

PARITY

PRICE (p) 5p Ords vs FT-SE All-Share vs norm eps (Scale 32)

	91	92	93	94	95	96	97
HIGH	32.2	40.7	114	142	175		
LOW	13.3	17	17	89	106		
AVE PER	6.2x	7.4x	16.7x	30.4x	18.5x		

RELATIVE	%
1M	+4.3
3M	+8.6
6M	+13.1
1Y	+17.6
Beta rel	1.08

ACTIVITIES: Information technology services. TEL: (0171) 824 8008. **REGISTRAR:** Neville Regs. Tel: (0121) 585 1131. **BROKERS:** James Capel. **INTERIM:** (22 Aug 95) ½ yr to 30 Jun 95. T/O £61.5m (£38.0m). Pre tax profit £3.07m (£2.02m). EPS 4.82p (3.51p). Int div 1.00p (0.75p). **OUTLOOK:** (13-Apr-95) AR: ch – 'The first quarter's results show that we have made a very promising start to 1995 in a good market for IT services... We look forward to the rest of this year and beyond with increasing confidence'. (6-Jun-95) **AGM:** ch- 'The board is confident about the outlook for the year and about the prospects for your company in the longer term'. (22-Aug95) Int: ch - 'We continue to trade well in the second half and look forward to the year end with confidence'.

SECTOR

Support services – computer services.

ACTIVITIES ANALYSIS (94AR)

		T/O	Pr
IT services	%	100	100
UK	%	87	
Continental Europe	%	13	

HISTORICAL PERFORMANCE

		94AR	5Y-av	Y↓	Tr%
norm eps	p	7.19	3.55	2↓	+91.4
IIMR eps	p	7.19	3.21[3]	1↓	+52.5
FRS3 eps	p	7.19	3.01[3]	1↓	+50.6
tax rate	%	35.2	22.7	2↓	-5.82
cflow ps	p	10.4	5.91[4]	2↓	-11.9
capex ps	p	0.78	0.48[4]	2↓	+56.6
dps	p	1.75	0.93		+11.2
sales ps	£	2.36	1.78	2↓	+6.95
margin	%	4.55	3.36	3↓	+24.6
ROCE	%	24.8	8.94	3↓	+56.9

PRICE (NMS 2) 27-NOV-95	175p
norm eps (pr)	12.6p
market cap	£73.9m
turnover (94AR)	£88.8m
pretax (94AR)	£4.18m

			m	s
DY (pr)	%	1.97		
PER (pr)	x	13.9		
PEG (pr)	f	0.49		
GR (pr)	%	28.7		
ROCE	%	24.8		
MARGIN	%	4.55		
GEAR	%	-40.1		
PBV	x	12.0		
PTBV	x	12.0		
PCF	x	16.9		
PSR	x	0.74		
PRR	x	na		

FT-SE SmallCap	351st
market overall	755th

SHARE CAPITAL, HOLDINGS, DEALINGS

42.2m 5p Ords (Maj 42.0%, Dirs 7.27%).

PDFM W	%	12.2	2 –
BAT Industries PLC	%	5.25	
William John Ashdown Sharpe	%	4.88	
Samuel Montagu & Co Ltd	%	4.74	4 –
Allied Colloids Pension Fund	%	4.17	
Nutraco Nominees Ltd	%	4.12	
P E Swinstead OBE (dch & ce)	%	7.24	
F Carbutt* (ch)	k	14.3	
Sir Thomas Stonor KCB*	k	2.00	

GEARING, COVER (94AR)

intangibles		Incl	Excl
net gearing	%	-40.1	-40.1
cash	%	214	214
gross gearing	%	174	174
under 5 yrs	%	174	174
under 1 yr	%	174	174
quick ratio	r		1.25
current ratio	r		1.25
interest cover	x		8.59
dividend cover	x		4.11

EARNINGS, DIVIDEND ESTIMATES

		94AR	95E	96E
norm eps	p	7.19	10.0	12.8
change	p		–	+0.40
brokers	n		1	1
std dev	p		–	–
growth	%	93.0	39.1	28.0
per	x	24.3	17.5	13.7
dps	p	1.75	2.30	2.80
div yield	%	1.25	1.64	2.00

KEY DATES

next AR year end	31-Dec-95
spdiv xd (1.50p)	2-Nov-93
int xd (0.75p)	19-Sep-94
year end	31-Dec-94
prelim results	7-Mar-95
annual report	13-Apr-95
fin xd (1.00p)	9-May-95
agm	6-Jun-95
int results	22-Aug-95
int xd (1.00p)	25-Sep-95

場打下利基。我看股價是一去不回了。

3. Laura Ashley

雖然這間公司通過篩選，但我不會在1995年12月時買它，因為前瞻本益比34實在太高了。成長率69.7%也非常高，這歸功於復甦和重整，撐不了多久。

但事後證明我大錯特錯，1996年5月，它已從130便士漲為212便士。許多自己有一套的投資人，可能沒排除本益比極高的個股，或者本益成長比分界設得較高；自成體系是大工程。手握天文數字本益比的股票，我會渾身不對勁，所以通常早早淘汰，我自知有時錯過上好的投資機會，但堅持原則讓我比較心安。

4. Business Post Group

從下頁圖中成長數據那串黑色月亮，當知Business Post有不少可觀之處。本益比17.4相較大盤和類股偏高，但預估成長是32.1%的破表水準，因此本益成長比依舊是好看的0.54。

每股現金流量14.1便士高於1995年每股盈餘12.2便士，若看五年平均，6.8便士也比6.3便士高；1995年資本支出3.5便士，每股未占多少現金流量。每股盈餘成長從五年平均53.4%的高檔下滑，但32.1%的預估數字可望持續。資本使用回報率（ROCE）是極佳的47.3%，董事長表示毛利率最近回升至19%。結果股價營收比（PSR)是偏高的3.52。

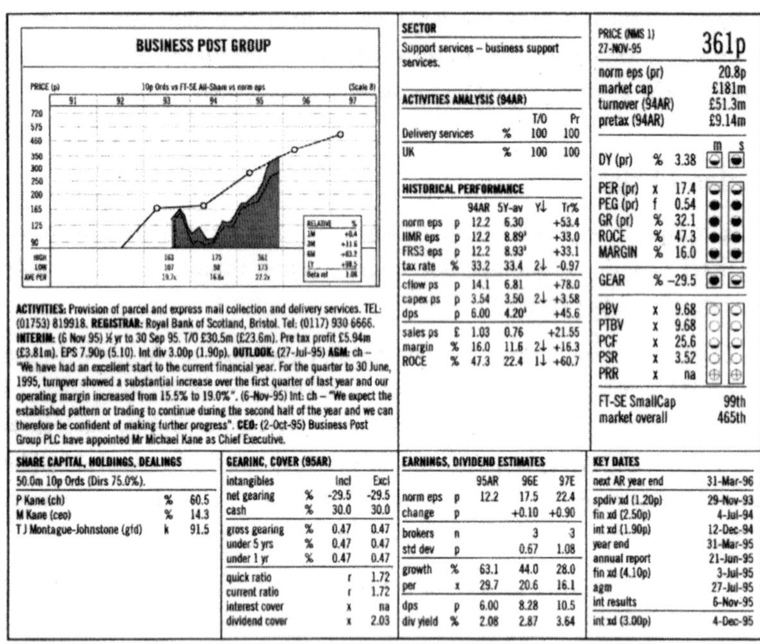

BUSINESS POST GROUP

PRICE (p) — 10p Ords vs FT-SE All-Share vs norm eps — (Scale 8)

	91	92	93	94	95	96	97
HIGH			163	175	361		
LOW			107	98	173		
AVE PER			19.7x	16.6x	22.2x		

RELATIVE	%
1M	+0.4
3M	+11.6
6M	+63.2
1Y	+98.5
Beta rel	1.08

ACTIVITIES: Provision of parcel and express mail collection and delivery services. TEL: (01753) 819918. **REGISTRAR:** Royal Bank of Scotland, Bristol. Tel: (0117) 930 6666. **INTERIM:** (6 Nov 95) ½ yr to 30 Sep 95. T/O £30.5m (£23.6m). Pre tax profit £5.94m (£3.81m). EPS 7.90p (5.10). Int div 3.00p (1.90p). **OUTLOOK:** (27-Jul-95) **AGM:** ch – "We have had an excellent start to the current financial year. For the quarter to 30 June, 1995, turnpver showed a substantial increase over the first quarter of last year and our operating margin increased from 15.5% to 19.0%". (6-Nov-95) Int: ch – "We expect the established pattern or trading to continue during the second half of the year and we can therefore be confident of making further progress". **CEO:** (2-Oct-95) Business Post Group PLC have appointed Mr Michael Kane as Chief Executive.

SECTOR

Support services – business support services.

ACTIVITIES ANALYSIS (94AR)

		T/O	Pr
Delivery services	%	100	100
UK	%	100	100

HISTORICAL PERFORMANCE

		94AR	5Y-av	Y↓	Tr%
norm eps	p	12.2	6.30		+53.4
IIMR eps	p	12.2	8.89³		+33.0
FRS3 eps	p	12.2	8.93³		+33.1
tax rate	%	33.2	33.4	2↓	-0.97
cflow ps	p	14.1	6.81		+78.0
capex ps	p	3.54	3.50	2↓	+3.58
dps	p	6.00	4.20⁴		+45.6
sales ps	£	1.03	0.76		+21.55
margin	%	16.0	11.6	2↓	+16.3
ROCE	%	47.3	22.4	1↓	+60.7

PRICE (NMS 1) 27-NOV-95 **361p**

norm eps (pr)	20.8p
market cap	£181m
turnover (94AR)	£51.3m
pretax (94AR)	£9.14m

			m	s
DY (pr)	%	3.38		
PER (pr)	x	17.4		
PEG (pr)	f	0.54		
GR (pr)	%	32.1		
ROCE	%	47.3		
MARGIN	%	16.0		
GEAR	%	–29.5		
PBV	x	9.68		
PTBV	x	9.68		
PCF	x	25.6		
PSR	x	3.52		
PRR	x	na		

FT-SE SmallCap	99th
market overall	465th

SHARE CAPITAL, HOLDINGS, DEALINGS

50.0m 10p Ords (Dirs 75.0%).

P Kane (ch)	%	60.5
M Kane (ceo)	%	14.3
T J Montague-Johnstone (gfd)	k	91.5

GEARINC, COVER (95AR)

intangibles		Incl	Excl
net gearing	%	-29.5	-29.5
cash	%	30.0	30.0
gross gearing	%	0.47	0.47
under 5 yrs	%	0.47	0.47
under 1 yr	%	0.47	0.47
quick ratio		r	1.72
current ratio		r	1.72
interest cover		x	na
dividend cover		x	2.03

EARNINGS, DIVIDEND ESTIMATES

		95AR	96E	97E
norm eps	p	12.2	17.5	22.4
change	p		+0.10	+0.90
brokers	n		3	3
std dev	p		0.67	1.08
growth	%	63.1	44.0	28.0
per	x	29.7	20.6	16.1
dps	p	6.00	8.28	10.5
div yield	%	2.08	2.87	3.64

KEY DATES

next AR year end	31-Mar-96
spdiv xd (1.20p)	29-Nov-93
fin xd (2.50p)	4-Jul-94
int xd (1.90p)	12-Dec-94
year end	31-Mar-95
annual report	21-Jun-95
fin xd (4.10p)	3-Jul-95
agm	27-Jul-95
int results	6-Nov-95
int xd (3.00p)	4-Dec-95

Business Post在英國包裹快遞業大概排名第十，市占率4%，成長快速且前景聲明樂觀。最近歐洲建立的互惠聯繫模式，被視為日後主要業務來源。可靠的名聲及極廣泛的服務範圍是Business Post的競爭優勢，它在1994年獲得BS5750認證，卓越的實績和毛利增長足見經營效率。公司在1995年12月擁有十六處地區轉運站、一處伯明罕全國轉運站，及四十五間加盟地方倉庫。雖然不乏競爭，但是新進者很難從頭另起爐灶。我看這檔股票屬於用力買的類型。

5. Rutland Trust

這間公司情況頗複雜，麥克・蘭登（Michael Langdon）入主後讓它大為改觀，而且是往好的方向。

前瞻本益比13.6約是平均水準，成長率23.3%則非比尋常，本益成長比是好看的0.58。1994年每股盈餘僅2.3便士，大幅落後每股現金流量11.6便士，股價在40便士時，股價現金流量比（PCF）低到只有3.44。從董事長期中聲明看來前景看好，且期中股利增加10%。

問題是它槓桿高達236%，主因是1995年併購Thamesport公司，同時為籌措資金，它還賣掉旗下金雞母Leasecontracts。Thamesport可大舉擴充，而且屬具競爭優勢的港埠，此外交易帶來6,000萬英鎊的稅損及額外6,000萬英鎊的資本稅額減免。這案子我看來極為有利，我很佩服蘭登和董事會大肆改造的膽識，公司靠著強勁的現金流量和驟減的稅額，不用多久槓桿就會恢復正常。在我計算之下，1996年結束前，槓桿就會降到75%以下。Rutland Trust不僅要大力買進，它也是擇股過程視情況通融的教案。

這裡要提一下我在《週日金融通信》的新年持股，納入一個月和三個月相對強弱不佳而在此處分析剔除的Independent Insurance這件事。12月那時，這檔個股突飛猛進，一年的相對強弱轉正，一躍成為買進的標的。

我又向兩個在當保險經紀人的親友打聽Independent Insurance，雙雙獲得好評，有一位還已經入手這檔股票。我在《週日金融通信》的持股中以375便士的價位進場，1996年6月已漲到461便士，4月及5月還觸及500便士大關。

Rutland Trust和Independent Insurance這兩個例子說明一個重要原則。REFS能很好地在各指數篩選月底本益成長比最低的股票，在附加欄位也顯示現金流量和每股盈餘的關係，還有一年及上個月的相對強弱。不過，公司記錄、年報、《分析師》(*Analyst*)的簡介，《投資者紀事》(*Investors Chronicle*)和電子報上的評論，以及法人報告能彌補數字化約之不足。

REFS有證據顯示，光靠篩選前面排名的個股，甚至不需任何補充資訊，你就能打敗大盤績效。我認為當你會視情況通融時，應該會做得更好，你會漸漸擁有這麼做的自信。

重要的是監測沒有一板一眼遵照數字指示的成敗，詳細記下任何背離之處，事後就有與結果供評估及評比。過一段時間，如果未見回報，還可以簡單補救。

你瞧，這四檔持股到1996年5月底股價漲多少：

	股價 95.11.27	股價 96.05.29	獲利 %
British-Borneo Petroleum	242*	594.0	145.5
Parity	175	280.0	60.0
Business Post Group	361	439.0	21.6
Rutland Trust	40	52.5	31.2
平均獲利			64.6

*British-Borneo Petroleum之所以調降買價，是考量賣掉5股認2股的認購權。上一交易日零繳認購權可賣得119便士，相當於買價減少47.6便士。

這半年若以富時全股指數為準，大盤上漲5.84%，若以較適當的富時小型股指數，則上漲14.2%。British-Borneo固然最出色，績效高出一大截，但凡是投資都有極端值，若要蓋棺論定則是看平均。好在每支股票都大贏，平均績效是小型股指數的4.5倍，而且是全股指數的11倍。因為相對微不足道，幾乎不影響結論，故交易成本忽略不計。

上面的分析只用到富時小型股指數，同一份1995年12月的REFS中發現，微型股有些非常具吸引力的個股。此外非指數個股也不少，年底審查小組作業前夕時，數目會達到高峰，通常是升級到微型股。

非指數股裡面，520便士的JJB Sports（1996年6月818便士）高居榜首，本益成長比僅0.32，320便士的Photobition居次（1996年6月370便士），本益成長比為0.39，再往下是222便士的Oasis Stores（1996年6月404便士），本益成長比是0.75，這些我都納入持股。

微型股裡面，Azlan Group我買在495便士（1996年6月665便士），本益成長比為0.65，Pressac我買在142便士（1996年6月177便士），本益成長比為0.75而且現金流量破表。

買在347便士的Forte，排名仍高居富時100指數，格拉納達在出價後，本益成長比仍僅0.75。蘇格蘭銀行、吉凱恩（GKN）、阿斯達、國民西敏寺銀行、能多潔和英國航空，本益成長比都不到1.0。有意思的是Forte在10月也是榜首，當時股價是248便士，本益成長比只有0.52。

中型250指數向來不乏低本益成長比股。榜首是買在312便士的IMI（1996年6月361便士），本益成長比是0.30，榜眼Lucas買在185便士（1996年6月謠傳標售之時241便士），本益成長比是0.53。前十五名的舊愛Carpetright我買在394便士（1996年6月613便士），本益成長比為0.69，Stagecoach Holdings買在279便士（1996年6月444便士），本益成長比為0.72，BBA買在284便士（1996年6月328便士），本益成長比為0.67，Matthew Clark買在647便士（1996年6月是801便士），本益成長比為0.66。

我在括號寫出1996年6月3日的收盤價，以突顯六個月前低本益成長比個股的魅力所在。每個月的REFS通常有很多本益成長比有意思的股票。成分股的指數市場性越高，平均本益成長比越高。在富時100指數，只有八檔股票本益成長比低於1.0，在中型250則有二十檔，在輩出的富時小型股，本益成長比不到0.85的個股多達五十五支。微型股只有四十家公司本益成長比不到1.0，理由已解釋過。

非指數企業列表上面有十八間公司本益成長比不到1.0，這裡是另一處划算買股的上好獵場。新股經常數月後才找出合適價碼。

買股當然重要，我在座談會上卻常被問到，何時該賣股票。這問題很難回答，牽涉到資本利得稅，和管理投資組合的考量，這些在後續章節會介紹。

▶▶▶ 重點摘要

我建議的成長股擇股基準如下：

1. 必要條件
   - ■本益成長比相對低，如低於0.75
   - ■前瞻本益比未達20；本益比區間宜落在10到20，預測成長率宜落在15到30%。
   - ■每股現金流量強勁，上次年報和五年平均雙雙勝過每股盈餘
   - ■現金結餘或槓桿不到50%（除非情況特殊，如每股現金流量破表或即將出售重要資產）
   - ■一年的相對強弱高
   - ■占有競爭優勢，通常反映在高資本使用回報率和營業毛利
   - ■董事未集體賣股
2. 高度誘人
   - ■每股盈餘增長，源於自我複製活動尤佳
   - ■董事集體買股
   - ■市值偏小，介於3,000萬到2.5億英鎊之間（新台幣14億到116億元）
   - ■股利收益

3. 加分因子

- 低股價營收比
- 推陳出新
- 低股價研發比
- 合理的資產狀況

很少股票悉數符合必要條件和高度誘人的基準，有的股票幾乎全部漂亮「破關」，如果唯獨漏掉某一項，這時必須視情況通融。

15
投資組合管理

投資這件事最優先也最重要的原則，是獲利續抱並斷然停損，如此一來才會虧損有限，獲利無窮。

上一章談到我在《週日金融通信》推薦讀者的新年持股，股票是依看好度排序，同時我也提醒讀者，「……我盡力，如有意外請見諒」。底下持股是1995年封關日買價：

新年持股							
個股	買價（便士）	前瞻本益比	每股盈餘成長率%	本益成長比	現金流量／每股盈餘比率	一年期相對強弱%	一個月相對強弱%
Business Post	378	17.1	30	0.58	1.2	+85	+1.9
JJB Sport	575	17.3	29	0.60	1.1	+113	+11.3
Grosvenor Inns	250	17.2	37	0.46	1.9	+51	+1.2
Parity	177	13.7	28	0.49	1.4	+18	-0.8
More O’Ferrall	459	14.0	21	0.67	1.4	+6	+0.1
Pressac	148	12.8	17	0.74	2.3	+30	+2.0
Pelican Group	125	13.9	34	0.42	1.6	+25	+6.4
Ind. Ins. Group	375	7.0	10	0.67	-	+19	+8.5

下表則是1996年6月30日為止的六個月期間，依據上個交易日賣價的績效：

	1995.12.29買價	1996.06.28賣價	利得	報酬%
Business Post	378	438	60	15.9
JJB Sports	192*	260	68	35.4
Grosvenor Inns	250	262	12	4.8
Parity	177	260	83	46.9
More O' Ferrall	459	650	191	41.6
Pressac	148	193	45	30.4
Pelican Group	125	152	27	21.6
Ind. Ins Group	375	461	86	22.9
平均報酬				27.4

*買價已調整依1996年6月的2比1紅利分配，買價、賣價、利得皆為便士

圖中忽略不計股利，賣價則取最低的報價。例如Business Post的收盤價區間為438到445便士，而6月28日有微量買盤，所以出脫價格可能落在439或440，而非438便士，佣金和稅金合計約1.5%。而在我推薦後，這八支股票當天平均上漲3.5%，扣除成本且納入媒體效應後，算下來最終報酬是22.4%。持有期間的富時精算全股指數僅上揚3.0%，富時小型股則為12.4%，但這是採中間價轉手且不含交易成本的美化數字。我的這八支持股選自全體股票，因此對照全股指數比較恰當。

從這個投資組合可學到若干教訓：

1. 個股的看好度排名不僅難以判斷也無關緊要。投資是門看平均的技藝，且不時會出現意外。
2. 多樣持股以分散風險很重要。雞蛋若放在同一個籃子，如我的首選Business Post，數字反而相對不好看；Business Post直到4月都沒什麼漲，而真正動起來的時間是5月。儘管你心知肚明，低本益成長比股很可能出現轉機，但你不知道是何時；不管你心底多麼想，千萬別孤注一擲。
3. 從Grosvenor Inns可看出低本益成長比股帶來的安全邊際。儘管1996年2月公布的期中數字結果不佳，每股盈餘成長由預估的47%腰斬到25%；不過股價小跌後便隨即收復。畢竟買進當時的本益比還好，因此25%仍屬佳作且高於均數不少。
4. 八支持股的平均預期每股盈餘年成長率為25.75%，每股盈餘成長可說解釋了持股期間資本利得的12.87%，其餘則歸功於今非昔比的本益比。這份雙重好禮是低本益成長比股才有的優惠。
5. 低本益成長比股有個額外好處，就是價位顯著上漲後往往仍屬划算。例如JJB Sports、Business Post和Parity，後來的本益成長比不到0.8，1996年3月五名Independent Insurance董事也在460便士以上的價位買進更多股份。

巴菲特的持股理念

凱因斯在1934年給友人的信中，曾總結他多年來的投資之道：

> 我越來越相信正確的投資方式，是大筆投入自認為略知一二，而且對經營階層完全放心的企業。若以為分散在眾多不甚了了，又不是特別有信心的企業能限縮風險是錯的。

巴菲特也認為，聚焦少數股票可充分降低風險，但前提是投資人因此強化對行業的認識，而且連帶提高買進標的股票的把握。他想不通投資人為何不對首選加碼，而寧願把錢放在清單上第二十名的股票；就算而後掌管龐大資金，他也仍未改一貫作風。

凱因斯或巴菲特之流的大戶，押注少數幾檔股票當然無妨，他們幾乎總是胸有成竹，有能力可以深思熟慮地分析一檔股票，直到十拿九穩了才投入大筆鈔票。多數投資人有自知之明，出手自然談不上勝券在握。

我認為口袋深度頂多5萬英鎊（約新台幣230萬）的散戶，持有十到十二檔股票算恰當，50萬英鎊（約新台幣2,300萬）則以配十五檔股票為宜，100萬英鎊（約新台幣4,600萬）便可增加到二十檔或稍多。我的意思不是平均分配，十二檔持股正好各占8.5%，而是往最看好的個股傾斜，也許光第一檔就占12.5到15%，接下來幾檔各占8.5%，剩下的持股比重相對輕微。我經常碰到一種情況，就是決定持有某支股票，卻發現能入手的量有限。這時我通常會續抱股票，心想哪天股票回測時再多買一些；但如果股價一去不回，因為不想持股零碎而分散，我則通常選擇賣掉。

上述的配置理念當然是基於成本考量，實務上這比例很快就會改觀，看市值的話，一筆成功的投資一下子就會占去部位20至25%，隨之而來是最高難度的關卡：何時要賣？

巴菲特是那種不理會市場，寧願把持股放到天荒地老的投資人；研究他方法的投資人，理當區別他公司握有的核心持股（準合夥人）與一般投資。確實，當一間公司表現亮眼，股價翻了又翻，續抱是理所當然的。**投資這件事最優先也最重要的原則，是獲利續抱並斷然停損，如此一來才會虧損有限，獲利無窮。**

在1987年波克夏・海瑟威公司的（Berkshire Hathaway）報告中，巴菲特曾講解自己出脫有價投資的方式。他開頭就說明，自己是依營運數字而非市價判斷持股。班傑明・葛拉漢（Benjamin Graham）說過：「短期看來，市場是投票機，但長期則是秤重機。」他的意思是到頭來，市場是認營運數字（和價值增長），他並不擔心需要花上幾年才能看到成果。巴菲特對評判公司價值一事很有自信，也有把握市場終究會看出他是對的。接著他說明監測營運數字的目的，是確認「公司的內在價值正以符合要求的比率增長」，否則就賣掉，他對第一檔英國個股健力士的確這麼做。

巴菲特提到另外兩個促使他立即賣股的理由：

1. 當市場判定一家公司比背後事實所示更有價值時（僅見的例外是準合夥人的核心持股）。
2. 當資金必須投資一檔「還要更低估」的股票時。

巴菲特進一步形容，他不會僅憑價位上漲或持有太久而出脫持股。他批評華爾街的原則：「獲利入袋哪會破產」，而且假如資本報酬滿意、管理階層稱職且誠信，而且市場未高估企業，他就樂於永遠持有。你就知道，這些條件有多沉重。

巴菲特另外提到長抱經營階層稱職且誠信的優異成長股的理由，包括同樣的股票難找、交易成本，以及資本利得稅攤在陽光下等等。不在個人持股計畫或個人退休計畫項下，且風光好一陣子的股票，所負擔的資本利得所得稅債務可能是成本的好幾倍；但假使你續抱股票，政府實際上是無息借你稅金，雖然終究得還。這項槓桿既不用付息，也不用擔心追討，大大挹注了資本增值。

賣股的主要考量

我在《祖魯法則》中曾提到，賣股的主要考量是題材生變，意思是當初吸引你出手的關鍵因素已今非昔比。例如公司獲利走下坡、強敵進場展開價格廝殺，或公司喪失重大業務時，就該當機立斷賣掉股票。

正常的市況下，一檔年復一年繳出亮眼成績、且專心在本業的股票，即使本益成長比來到有點不好看的價位，續抱並不奇怪。本益成長比高達1.2（相對於市場平均值1.5）是我個人容許的上限，此時安全邊際便已讓我坐立不安。但是我能體會有的投資人對珍藏的持股寧可死抱不放，無視本益成長比已站上市場平均價位。若是再高我便建議賣掉，雙方好聚好散為宜。假使用心找的話，一定會有比其他價錢好多了的機會，你的錢也能妥善花在有前途，而非無望的股票。

搭配相對強弱

然而最棘手的情況是，個股突然無緣無故表現不佳。走了一段榮景後，再好的成長股往往便面臨獲利了結，以至於有一兩個月相對強弱指標不好看。若趨勢不改，過去三個月的相對強弱指標一樣難看，這時無疑要小心。

如果有檔持股接連數星期表現不佳，你便應該跟營業員打聽情報，背後可能有內情。例如重要幹部即將離職、有場重要官司要打，或面臨新的競爭。剪報是這類消息的另一個來源，最後手段是直接聯絡公司，跟董事或祕書打聽股價欠佳的原因。

如果你找出了道理，接著是自忖背後的題材（當初願意買股的因素）是否生變。重新檢視股票，參考任何可得事實，包括目前法人普遍預估，問自己如今同樣想買嗎？願意的話，那就續抱。

有的人則相信攤平這回事，也就是在（最好是）短期股價走弱時買進，以降低平均持有成本。我建議最好不要，我寧願多買一點上漲的股票，**投資似乎是順風駛船，而不是負負求正的事情**。

徹夜難眠就停損

有的投資人心臟不夠大顆，受不了股價直直落，想不出道理的話更是如此；很多老師推薦停損法，如果這能讓你睡得安穩，就用下去，例如買價下跌20%，或相對高點下跌20至25%的移動停損。移動停損的涵義是，持有初期股價表現不錯，接下來多少得以鎖住部分利得。

至於我的話寧可續抱，直到想出下跌的道理。低本益成長比提供一段安全邊際，並搭配紀律式買股法，跟殺進殺出短線炒作或空穴來風的概念股很不一樣，後者必定要輔以停損，而且我不推薦這類股票，畢竟已經讀到這裡的你不是沒有概念。

個人持股計畫

個人持股計畫應做最大限度的運用。1996年每人一般及單一企業個人持股計畫額度分別是6,000英鎊和3,000英鎊。

有的個人大戶覺得個人持股計畫不符效益，這點額度對他們微不足道；但這些人沒考慮到個人持股計畫提供的免稅累積效益。日復一日，年度額度加上資本利得，會滾出可觀的免稅餘額，這簡直是多了個避稅港灣。

個人持股計畫的持股是你整體持股一部分，不過因為免稅，是以少了點獲利續抱的考量因素。個人持股計畫大致來說獲利續抱仍適用，但沒了所得稅負債的部分。

趁稅務年度的尾聲好好檢視持股，及抵銷允許的年度免稅資本利得額度（1996年有6,000英鎊）又沒有壞處，即使這做法效果同先賣後買若干股份。

記錄過去投資明細

我建議每筆投資都要備分，內容包含這幾年的年報和期中報表、任何聲明的文件、收藏的剪報和法人報告。不妨也把那時投資決定做成的理由簡單寫下來，提醒自己當下的狀況；放進REFS公司資料的影本亦可。

除了公司資料，我也建議記錄每一筆投資的流水帳，註明股份的買價和成交日的大盤指數價位，這樣一來個股和持股都有衡量績效的基準。有時間的話，每週或隔週評比一次，不然至少每月做一次。

▶▶▶ 重點摘要

1. 多數散戶的持股理當納入十到十五支股票，口袋可觀的話增加為三十支左右。
2. 別想著孤注一擲，依成本計算，15%是合理的投資上限。
3. 記得用光個人持股計畫額度，確認每年抵銷資本利得所得稅額度（1996年是6,000英鎊），即使這麼做效果跟先賣後買一樣。
4. 獲利續抱，賠錢停損。
5. 若題材變了就賣股（如公司內在價值未達原先的要求），市場給的本益成長比過高（如市場平均值八成），或資金必須放在更為低估的投資也一樣。記住本益成長比賣股基準可能因鉅額或有資本利得所得稅負債，而放寬至市場平均，但不可更高。
6. 要留下投資記錄並定期對照大盤的績效。持股一段時間後，例如三年或更久，當你發現表現不比大盤好時，便應該考慮轉為投資基金或其他工具，由專業基金經理人替你管理。

16
多空市場

多頭一向是「驚驚漲」；至於空頭，葛蘭碧則是這麼形容：「空頭總是突然冒出，不會光明正大敲門，像是走夜路、闖空門的宵小。」

對講究安全進場（如本益成長比落在低檔）的長線投資人來說，市場多空與否其實影響不大。空頭的時期，股價會像被蒸發一樣，但只要標的公司持續賺錢，每股盈餘持續成長，這些進展終究會反映到市場。

第一個投資要訣，是只投入就算被套牢也用不著急著變現週轉的「閒錢」。第二個是講求紀律、保險地進場，而且打定主意抱長線。巴菲特建議投資人，假裝自己持有一張二十格的票卡，做成一筆投資就在一格蓋章，等做成二十筆投資，票卡上面一格不剩，代表集滿了一生的投資額度。他的意思是買股票當然要精挑細選，不要存有隨便看看的心態。

有的時點會讓人特別心動，這很正常。舉例來說，估波指標的買進訊號通常頗為可靠。當它指示市場應該買進，我會開開心心滿手股票，甚至融資。其他像估波指標走完平均十四個月左右的階段時，市場通常會過度看好，流於裝腔作勢，我反而寧願多持有現金。積極的投資人通常至少有七成五的閒錢投入股市，不過做法因人而異，若市場「空軍」氣燄，有的可能減碼到五成左右。相反地，若部位讓你晚上睡不安穩，就顯然有必要減碼，直到一夜好眠為止；如果另外配合先出脫本益成長比最高及最沒把握的持股效果會更好。如此剩餘持股的平均本益成長比會回到比較好看的低檔，也就更加保險。

要知道，多頭一向是「驚驚漲」；至於空頭，葛蘭碧（Joe Granville）則是這麼形容：「空頭總是突然冒出，不會光明正大敲門，像是走夜路、闖空門的宵小。」

或者這麼說，多數投資人越不放心的那支股票越可能上漲。這個現象即意謂著，既然投資人如此不放心，不如早早落袋為安，法人也會趁勢做空，此時假使是最輕微的利多，都足以造成搶進的風潮。

古斯塔夫．勒龐的著作《烏合之眾》，還有查爾斯．麥凱的《異常流行幻象與群眾瘋狂》，皆說明了撥弄群眾心理的力量是恐懼也是貪婪，此外狂熱不是歷史雲煙，而是一直發展中的市場現狀。80年代的日本股市熱潮，還有目前對科技股的追捧殷鑑不遠，在在都指出要炒股是多麼容易：某位球友提到從哪間科技公司賺了一票、聚餐席間友人也提到一檔高科技基金的超人績效、報章雜誌聲稱某項技術前景多好、營業員推薦新上市的科技股票。接著投資人食髓知味，追捧下一支明牌，股價由於市場買盤因而應聲上漲，額外的甜頭滿足了聞風而來的投資人，盤勢越演越烈，直到傳出警訊和重大利空才戛然而止。此後若干人士便將矛頭指向科技業榮景不實，露出馬腳是遲早的事，股價於是開始修正，投資人落袋為安，紛紛脫手，下跌的螺旋加深恐慌，引起市場拋售，股價又變得便宜，盤整一段時間後，繼續搭上另一顆正在膨脹的泡泡。

空頭的訊號

雖然要察覺市場多空走向有幾個徵兆，不過漂亮的公式解不總是存在。空頭這個滑頭小子，每次現身時機都不太一樣，但對照今昔，通常能看出空頭的微妙變異。下面若干重要指標，可能有助指示目前正在步入空頭階段：

1. 現金無用。法人和散戶投資人，現金部位往往極低。美國基金經理人把這氣氛稱為：「滿手現金最傻。」
2. 價值股不知上哪找。平均本益成長比達1.5或更高；也看不太到資產淨值大幅折價的股票。
3. 平均股利收益來到歷史低檔。
4. 通常快要升息。至少肯定的是後續降息機率微乎其微。

5. 理專或投顧普遍看多，投資人情緒普遍躍躍欲試。
6. 出現企業上市櫃的盛況，而且品質每況愈下。投資人不甚在意新上市股票的基本面，反而比較在意能買到幾張股票，以便迅速脫手獲利，伺機看向下一支新股。
7. 董監事的股票買／賣比率，跌到歷史的低檔。
8. 股價鈍於反應利多，凌駕市場預期的消息亦然。這個現象表示市場顯露疲態，多頭方有氣無力。
9. 聚餐與集會席間三句不離股市；報章期刊以更多版面報導股票和基金。（試想1996年7月《讀者文摘》有篇文章宣稱「人人有望買股致富」！）
10. 股市有3/4的股票超過其長期平均股價，此時如果家數跌落3/4的關卡，通常是空頭的技術訊號。
11. 平均事隔估波指標最後一次買進訊號四個月左右，屆時的平均漲幅約30%（依最後十次買進訊號）；但有一回只有8%，所以別照單全收。
12. 總體貨幣供給通常將轉趨緊縮。
13. 股市領頭羊交接。景氣循環股到了多頭的全盛期，通常會脫穎而出。

上面顛倒來看就是判斷空頭谷底進場的基準，例如輿論轉為滿手現金才好、現金才是王道等等。

四個多空訊號

下面是若干對多頭和空頭市場的描述：

1. 多頭比空頭「持久」，但惡劣的「空軍」會在短時間讓投資人慘賠。例如，英國1973至1975年間就跌掉75%市值。
2. 多頭的大幅修正跟平和的空頭，兩者看不太出來差別。有的「線仙」可能會反駁，認為1987年崩盤後大盤卻越過先前高點，表示多頭不減，當年頂多算是大幅修正。大空頭則另當別論：短則九個月，長可達二、三年。最慘淡的時候，投資人會恨不得身在他方。
3. 80年代，全球市場似乎亦步亦趨。1987年大崩盤那陣子，某個交易日先是華爾街失速下跌，晚上交棒給東京，翌晨跟著拖累倫敦開盤。事隔不到五年，日本大盤便剩下不到一半，華爾街和倫敦卻創下歷史新高。事後看來，凡是主要市場皆難以獨撐大局。全球經濟深陷蕭條時，無疑會波及每一個重要股市。不過現在有的個別股市，似乎在世界其他要角走下坡時，反而更有機會脫穎而出。
4. 多頭和空頭是階段式的。空頭通常始於前景堪稱良好時的大跌，後來景氣惡化，市場便陷入賣壓。接著來個迴光返照，這時投資人多半會上當，以為底部到了，但隨即新聞轉趨悲觀，投資人因而恐慌拋售，市場螺旋式下探，欲罷不能。最後階段至此結束，站上下一輪多頭的起點。第一個良性跡象是股價不再隨利空下跌。

每每聊到空頭時，投資人就往往臉色下沉，如臨深淵。然而，重要的是投資人應當不時感到不安，規律檢查持股，汰弱留強，並且「疑者不用，用者不疑」，如此就能連帶改善流動性和持股素質，以便來日順利化險為夷。只待前景明朗，手上精銳就會率先竄出。

▶▶▶ 重點摘要

1. 投資人應當只拿沒有變現應急之虞的「閒錢」投資。
2. 買在保險餘裕的價位然後長抱。如第二章所說，選股比擇時重要。
3. 某些跡象有助於偵測市場即將下行。
4. 假使景氣前景很不樂觀，且投入的資金水準讓你漸生危機意識，到了難以入眠的地步時，最好減少手中持股，直到心無罣礙為止。不過多頭向來「驚驚漲」，投資人很可能只是虛驚一場，所以不要讓長期持股落到閒置資金50%以下。出脫股票的時候，要先賣本益成長比最高，及跟你評判標準出入最大的股票。如此除了能提升流動性、降低持股平均本益成長比，並且也連帶鞏固你的保險餘裕。
5. 估波指標可說是多頭將起最可靠的指針。

17
科技股

給科技股投資人的建議是，年度財報的會計項目要看仔細，辨別研發支出是否資本化，如果有，幅度又是多大。

如果大談成長股卻把科技業漏掉未免太不像話。美國人形容科技類股是「大盤中的大盤」，由此可反映當地科技股的出眾表現。1990年後，許多股票價位翻了不止10倍，而且似乎離頂部還很遠。

你不難看出美國投資人何以熱衷科技股，以及英國何以在這領域的興趣日增。雖然英國的未來之星也不少，但美中不足之處是規模和流動性不如美國同業。此外，科技業是明日的產業，成長投資人萬不可等閒視之。

網際網路

1996年初期，「網際網路」仍是最令投資人腎上腺素直飆的科技股，凡是跟它扯上關係的，理由再怎麼薄弱，幾乎都能享有溢價。

眼見網路對投資人的前瞻性，我請《Techinvest》的編輯康納·麥卡錫（Conor McCarthy）告訴我它的定義。1996年4月他回覆我：

網際網路是全球約四萬家企業、教育和研究網串起的鬆散網路，起源於美國國防部1969年的研發通訊網，當時是為確保全國通訊設施能在核戰後繼續運作。

因此網路依簡單的原則設計。因為不想淪為核武攻擊的目標，所以並無集中控制的據點或管理單位，加上若遭受攻擊，有可能摧毀一大片網路，互相聯繫的路線便無法預知。網路上所有節點沒有地位上的差異，各自有權限發起、傳遞或接收訊息。

訊息本身會劃分成1和0構成的電子編碼封包，再分別寄到網路上，在節點之間行進，直到抵達終點。

基本設計原則至今仍通用於網際網路，同時也說明它為什麼如此易於傳播及複製：訊息只要遵循國際公認的TCP/IP協定就能通行無阻。這項協定是技術性的，而非社會或政治準則，這點尤不容見於極權政權。

任何符合要求的標準網路，自動就納入網際網路。商業活動截至1989年尚不能連上網際網路，現在卻躍居主宰，因此系統應用如野火燎原一般竄出。目前用戶約三千五百萬。

理論上，網際網路控制權在用戶手上；並沒有一個官方單位讓用戶付費加入，各個連上網際網路的群族要自行負責。

網際網路是無政府性質，因此使用上並不簡單。因此如Unipalm等商業公司紛紛興起，幫助用戶連上網際網路。其他像美商網景，開發出的軟體能方便在網際網路漫遊、搜尋想要的內容，並將它擷取下來，以人性化的形式呈現。

網際網路的用途是越境交換數據，譬如電腦資料或電子郵件。還能遠端存取許多商業訂閱和公共資料庫；新聞和消息在數以千計的電子布告欄和討論區中流傳，主題包羅萬象。

網際網路可從住家內連結及存取資料，用戶只需備妥個人電腦、數據機，並向當地業者付費申請，接下來不管連到相隔多遠的地方都只需繳網路費。

你瞧，現在的網路用戶取得資訊的成本，花費跟市內電話差不多。資訊業者希望網友對上網欲罷不能，以致於計時付費系統一推出，網友們便隨時願意掏錢填補需求。於我看來相當朦朧的概念，卻造就若干天價的科技股，這股當代狂熱，若投資之父班傑明．葛拉漢地下有知，大概也會百思不得其解。

雖有泡沫之虞，但投資人很難不感染到一窩蜂的科技股熱潮。1996年7月初，IT產業分析的領導業者高德納集團，估計光是在歐洲，千禧年危機的總花費已達1,200億美元。

高德納集團發布預測沒過幾天，IBM便警告，如果歐洲貨幣聯盟如期於1999年上路，電腦產業將會陷入混亂。IBM預測屆時距世紀末電腦檢修的間隔如此之短，處理過渡期的能力將嚴重不足。

這兩條重大新聞，連同網際網路遞增的影響力，以及科技持續大幅進步，不難想見，資訊服務業者未來三、四年日子會很好過。世道如此，很難想到什麼行業，比提供專業電腦人才、協助教育訓練，還有為病毒或新系統轉換等難題提出解決方案更好。硬體和軟體供應商可望從絕佳的交易環境沾光，能不能適時推出對的產品反而更值得注意。

五種科技股

你大概已猜到我對有前途的科技股很積極，但又不想吃虧，所以只投資符合自己財務基準的個股。

依我看來，科技股分好幾種，評價方法各不相同：

1. 站穩腳跟的龍頭股

在美國，微軟和惠普是典型的電子業龍頭，在英國，市值超過80億英鎊的手機業者沃達豐、市值雙雙突破10億英鎊的Orange和Cellnet的業主之一Securicor。這些公司儘管不算真的高科技，但可能是地位最接近的企業，也是可輕易成交大額股票的科技股。

製藥則是英國在技術上明顯領先的產業，像葛蘭素威康、捷利康（Zeneca）、史克必成（Smithkline Beecham）是其中佼佼者。相關保健產業有Amersham International，而1996年初市值僅4.3億英鎊的支援服務業者Misys則是英國最大的電腦服務廠商。

2. 可望成為領導大廠的起飛股

電子和電氣設備業者，像Psion近年來大有斬獲；1996年初Psion市值站上2.2億英鎊，新進者像Tellspec值2.4億英鎊，Filtronic Comtek值1.8億英鎊，也屬榜上有名。在支援服務業方面，排名第九的Sage值3.6億英鎊，Micro Focus市值則跌落1億英鎊。

3. 產品賺錢但尚未無往不利、未晉升明星之列的小型股

不少中小型企業，像Cedardata、Microvitec、Kewill Systems市值落在4至5,000萬英鎊之間，而且悉數都有賺錢，繳出至少水準以上的成績，並且可望躋身大廠之列。

4. 尚未獲利但手上研發看好，或構想具爆炸成長性的公司

生技業者像British Biotech、Biocompatibles International和ML Laboratories，手上正在進行很有意思的研究案，其他像Trafficmaster和Phonelink則提出了概念。這種公司手上的研發案通常很有前途，可以募集到大筆資金來支持後續研發，以及（或者）讓構想在商業上成型。它們市值往往很有規模，屬放長線釣大魚，甚至放眼「本夢比」。

5.「行差踏錯」的「凸槌」股

科技業脫穎而出的成長企業出了「差錯」，因為預料之外事件造成重大利空、股價暴跌，然而事後卻浮現進場機會。

因材評價

評價上述五類科技股的方式差異頗大：

1. 龍頭股

科技業龍頭跟其他成長股沒什麼兩樣，而且不難評價，重點是本益比倍數、成長率、本益成長比、現金流量、現金部位、長期產業前景，及個股的競爭優勢。

2. 起飛股

正要起飛騰空的個股則需要稍稍留神，仍有相當風險可能折翼；其中要特別注意個股在產業的地位、策略計畫，還有流動性，也要避開過高的評價倍數，一旦起飛股坐上龍頭寶座，倍數通常會修正，回到更正常的價位。譬如一開始本益比買在30倍，而長期來看可能落在15倍，屆時經營階層必須讓本益比翻倍，股價才有撐。

所以基本上，本益成長比低而且本益比和平均相去不遠的個股最為理想。你可能以為這種股票不好找，但Tellspec和Filtronic Comtek早年的本益成長比都很好看，Psion和Sage現在不時碰得到不錯的本益成長比數字，1996年初Aslan的本益成長比是極佳的0.36。

3. 小型股

小型科技股需要顧慮的就更多了；若等到沒狀況才想到進場，屆時本益比可能很硬。你隨時要想到可能還有沒爆出的狀況，像重點產品提前淘汰，或競爭趨於激烈。對於一家小公司，這些狀況都足以造成重傷，所以找本益成長比低且避開本益比高的，而且隨時不忘公司的流動性和現金流量。

4. 研發概念股

沒獲利的公司最難評價，充其量就是「富貴在天」，不過投資人常因與生俱來的樂觀而克制不住。曾讓投資人失望的個股可說族繁不及備載，不過當多頭復又氣盛，他們就會忘光光，再度走上致富之道。

很少概念股真的變成大企業，它們大多半途夭折，有的後來發展一般，有的則被別人併購。不過新掛牌的科技股向來很誘人，在投資人眼中可說個個有望當上微軟第二。

寫下概念股的買股方針前，我想先分享一則警世故事，主角是一家虧錢期間就上市、研究案志大才疏，對未來寄予厚望的公司。

變形桿菌國際有限公司（Proteus International）

這公司在1990年5月上市，發行價84便士，接下來數度辦理增資，籌措研發經費及彌補連連虧損。1992到1994年這段期間，這檔股票詢問度很高，價位很少低於400便士。1994年初，《倫敦標準晚報》（*London Evening Standard*）向我要幾支看空的股票，我就提到這檔。這主意不錯，它到1996年初只剩50便士。

依照REFS的描述，這檔股票從事的是投資人夢寐以求的高科技活動，不過找不到賺錢的法子，研發支出正以怵目驚心的速度燒錢。這現象美國人戲稱為「燃燒率」，也就是看增資一趟能撐幾年。

我在為《獨立報》撰寫專欄期間，有次出席一場醫療股講座，那時變形桿菌價位還在400便士，以下是我在1993年4月的意見：「我對它的說法一點都不滿意，明明市值已不只1億英鎊，高層在電腦輔助分子建模和科學藥物設計，卻一副不打算做生意的樣子。投資人看不到現在或將來的盈餘，後續也許就是一連串繁複的合資和增資。我不想玩。」

1996年5月它辦了場45便士的搶救增資，現在經營情況可能比較穩了。

研發概念股的投資方針

如果打算買研發概念股，下面有些建議的方針：

- 市值大的概念股別碰，即使它們有些成果，價位要站穩還有好一段路。
- 沒營收或獲利遙遙無期的別碰，記住獲利可能是一場空，否則持股也要抱很久才不吃虧。
- 一而再，再而三失信的別碰。產品延後商業化應用是市場大忌。
- 確定概念股往後數年的資金無虞，股價不會被下次或下下增資拖累。
- 把投資概念股當成一連串加碼，因為不太可能短抱，別挑賠率差的，也別一股腦全壓。市值相對小，價位算不上「本夢比」時，每次押注勝算會提高，此外公司獲利可期而且不增資亦現金無虞，你的勝算也會提高。

5.「凸槌」股

如果你不排斥這個方法，應該把費雪的大作《超級強勢股》，找來好好讀一讀。《Techinvest》的編輯麥卡錫推薦這書給我，提到書中的想法對他挑選科技股影響深遠。

基本上費雪的論點是說，科技業的好成長股往往會「出狀況」，譬如舊產品淘汰和改良產品問世有落差、新產品有待磨合，或併購案失利。

成長股評價往往過高，一出狀況市場無疑會回應，股價隨之下探。同時事主的企業內部通常會調整和重組，著手削減經常費用、推出新產品，並簡化行銷活動。

經營階層一般的態度是，如果公司盈餘記錄即將不保，便會一不做二不休打消問題資產，並為各種狀況做好準備，若後來公司止跌回升會更有利。

企業出狀況期間，本益比等尋常評價手段可能無用武之地。公司虧損有點像掉進黑洞，知道如何評價黑洞裡的標的，比起瞎子摸象是有利多了。

記住**先等二個獲利利空再進場不吃虧**。第一個不可靠，是因為經營階層對復甦前景可能過於樂觀，到了第二個時，則通常已對可能情況做好準備，等榮景到來，其股票往往便再度搶手。若把錢看更重就等第三個。

股價營收比

費雪首先看股價營收比（PSR），算法是總市值除以十二個月營收。他建議股價營收比在1.5以上別碰，並積極找到股價營收比未達0.75的個股。他在書中證明股價營收比一高就危險，以及股價營收比低多麼值得看好。第十二章有更多股價營收比的介紹。

股價研發比

費雪接著看股價研發比（PRR），算法是總市值除以十二個月研發支出（R&D）。他建議股價研發比買在5至10之間，超過15就別碰。

費雪認為股價營收比的效果很大，但他把股價研發比當成多一道檢查，以決定出不出手。例如光看營收價位有點高，但股價研發比很好看，可能就買得下手；相反地，股價營收比不錯但吝於研發，可能就要留心。

先提醒一件事，要不要在研發上面砸錢隨人意願。不同公司的支出分類可能有異，而且不少公司將部分或全部研發支出資本化。

研發支出

會計準則委員會在SSAP 13中指示：「就成果可按合理確定性評估其技術可行性的確定計畫之發展成本得遞延至將來期間，否則應於發生之時沖銷。」從「合理確定性」等字眼，你就知道裁量空間多大了。

保羅・泰勒（Paul Taylor）1995年7月曾在《金融時報》發表一篇出色的文章，提到候威（Richard Holway）在某期《System House》電子報的看法。候威講到首度賺錢的Cedardata獲利357萬英鎊，產品相同的廠商Quality Software Product（QSP）則獲利257萬英鎊，問題是Cedardata按業界慣例，於發生時沖銷研發，QSP卻將多數研發支出資本化，並逐年攤銷，而且在Cedardata的情況下是虧損的。QSP認為會計政策有憑有據，畢竟產品涉及長期且大規模的發展，所做所為完全合法，但不難看出投資人在比較競爭對手時，必須小心研發支出的會計手法。

研發支出資本化另一個麻煩之處，是對資產負債表的效應。上例QSP在1995年年中的無形資產占淨資產90%，這還不打緊，因為對多數軟體公司帳上淨資產相對價位而言算很低，而且很難估計這種智慧財產的真正價值。

然而潮水在1996年1月退去，QSP原形畢露，1995年度的獲利驚傳利空，股價從608便士跌到490便士，1996年年初剩下230便士。

《金融時報》提到將研發支出資本化的企業，還包括Computerized Financial Solutions、MAID、JBA Holdings、Micro Focus和Unipalm。JBA僅將某一項產品的研發資本化，同時按慣例沖銷1,370萬英鎊。Micro Focus資本化970萬並攤銷710萬，獲利差額淨值僅270萬。相反地，MAID資本化230萬且僅沖銷13.3萬，210多萬差額到1994年底，116萬轉為實際虧損，獲利100萬，下個會計年度MAID則虧損440萬英鎊。

研發支出資本化的另一項副作用是提高當年每股現金流量。研發支出加到資本支出，反而不會減少現金流量。若想看清楚這類科技股的真面目，我建議把現金流量減資本支出，可勉強充當巴菲特的每股「業主盈餘」。例如JBA的例子，1994年每股現金流量-11.4便士，被每股資本支出21.2便士拖累變成-32.6便士；

MAID的1994年每股現金流量為2.01便士，也因每股資本支出4.49便士而改為-2.48便士。

給科技股投資人的啟示？年度財報的會計項目要看仔細，辨別研發支出是否資本化，如果有，幅度又是多大。為了保持一致基準，最好調整數字以便看出研發支出全數沖銷時的損益，這麼做才能正確比較同行的競爭對手。不過我要補充一點，有的情況下，支出資本化不無道理，同時我相信上述公司的董事無不認為這做法天經地義。重點是，投資人必須採取一致且保險的方式。研發支出全部沖銷的盈虧比較不僅基準一致，而且基於較保守假設，無疑更保險。費雪的目標是找出價位划算的科技股，所以方法也是寧可打安全牌。

判斷毛利的關鍵指標

費雪的方法在正常情況下，對優勢比對手清楚的企業最準。他在股價營收比和股價研發比外的第三個指標，是鑽研營收化為利潤數字的關鍵——毛利。一家出差錯的企業重上軌道後，盈餘就能再拿來算本益比；走出泥沼於是股價回升，而且往往幅度不小。

毛利在美國是很有學問的領域，因為公司經營階層較習慣針對這部分的投資分析對外暢所欲言。費雪對毛利分析提出若干上手建議，我先說明，他的《超級強勢股》主要是針對美國市場。雖然英國很難照抄他對毛利的方法，但是好好鑽研他的看法沒有壞處，以下是他的重點：

1. 偏愛優勢好到沒公道的公司，來源可能是經銷、規模、商業祕密、形象、成本，或先行時間。最好的鑑定方式，是快速比對標的，以及同行個別和產業平均的毛利。
2. 判斷毛利時，要向經營階層打聽當年度及日後的看法。在美國，幹部往往據實直言，接著繼續打聽對方打算靠提升產製規畫效率或壓低成本達成的目標。回答的品質有時可能看出經營階層設想的可信度。
3. 要對「老本行做好一點，毛利就會高。」的說法存有戒心。他提到要檢查執行長的實績和記錄，尤其是前公司的毛利和獲利。
4. 市占率能加很多分，越高越好。
5. 最後他提醒不能僅以國內基準評判毛利的風險，必須把國際競爭或威脅納入考量。

應用費雪的範例

我看中費雪的體系之處，是他的關鍵比率（股價營收比、股價研發比和毛利）讓投資人有膽識地對出現問題並陷入麻煩的公司出手。出師不利是免不了的，但一旦得手，成績往往應證彼得・林區（Peter Lynch）形容的「10倍股」，也就是股價翻上10倍；不時的暴利遠足以彌補少許虧損。

我曾詢問麥卡錫《Techinvest》有什麼應用費雪體系的好例子，他提到Kewill Systems幾年前出狀況，到德國做了筆失敗的併購，公司出現大幅虧損，股價從1992年318便士掉到1993年的49便士。它隨即賣掉德國子公司，1993年底，股價就回升到265便士。

麥卡錫發現《Techinvest》最成功的投資，是價位買在股價研發比未達5.0，同時股價營收比未達0.5的個股。REFS每個月都會顯示各指數股價研發比最低的成分股，連同現金流量明細、股價營收比，及毛利與營收的趨勢。

必要功課

我在第十九章會列舉推薦的電子報和讀物，也會說明如何入手。這裡我先介紹幾份突顯科技股投資人的必備出版品。

《Techinvest》是科技電子報的首選，對科技股感興趣的成長投資人不可不知。

費雪的《超級強勢股》（已絕版，但有Kindle版），我認為是史上最佳的科技股投資讀物。作者在書中解釋如何找出「超級強勢股」，還有趁虛而入、買在划算價位的技巧，堪稱有心科技股的投資人的超級講義。

▶▶▶ 重點摘要

1. 科技股有五型：
   - ■龍頭股
   - ■起飛股
   - ■產品與獲利兼具的小型股
   - ■尚未獲利且往往無產品實績的研發概念股
   - ■「凸槌」股
2. 評價五型科技股的方式各異：
   - ■龍頭股：傳統方法即可，重點放在競爭優勢、本益比倍數、成長率、現金部位、長期前景。
   - ■起飛股：同龍頭股，但更要注意公司在產業的地位、策略規畫，和流動性；本益比倍數過高的別碰。
   - ■小型股：尋常的投資指標即可，但要提高戒心。要挑本益成長比低的，注意本益比高的別碰，並且要更強調現金流量和流動性。
   - ■研發概念股：建議方針如下——
     - ●市值大的別碰
     - ●無當期營收、連年未獲利的別碰
     - ●經營階層一再失信的別碰
     - ●資金務必無虞
     - ●且戰且走、分批進場，靠上述方針提高每次進場的勝算

■「凸槌」股：留意出了差錯，但看好會止血回升，加上股價營收比未達0.75，且股價研發比介於5到10之間的公司。先等兩個獲利利空通常不吃虧，營業毛利是重點。費雪對毛利有些想法，他個人通常：

- ●偏愛有競爭優勢的公司
- ●會向經營階層打聽毛利目標
- ●懷疑誇大宣稱老本行的毛利會改善
- ●檢查執行長過去職涯的毛利實績
- ●偏愛高市占率
- ●在意國際競爭威脅，不光看國內業者毛利

3. 檢查科技股在研發支出的會計處理，並留意研發支出資本化的手法。研發支出資本化的公司，建議要重算數字以看出每年沖銷的差別。對科技股嚴肅以待而且負擔得起的投資人，《Techinvest》是每個月要做的功課。費雪的大作《超級強勢股》，對如何划算地買到科技股，提出精闢的見解。

18
景氣循環股

景氣循環股的評價倍數越低，買進的舉動越危險：看似便宜的反而可能最貴。

本書主要談的是成長股，不過因為所有企業或多或少都跟景氣連動，所以在此用一章的篇幅討論這部分。「景氣連動」指的通常是對大環境起伏特別敏感的個股。

利率水準與趨勢是經濟體最大的單一影響因子。景氣循環股在利率走跌時受惠最大，理由是正常情況下，這背景通常會刺激經濟；相反地這類股票在利率走揚的背景下則表現極差。

所有企業都在經濟榮景時表現較佳，蕭條期間則表現欠佳。話雖如此，即使大環境再怎麼糟糕，優異的成長股仍能常年繳出增長的每股盈餘；成長也許稍遜於長期平均值，卻始終不會消失。相反地，鋼鐵廠、紙廠、車廠、建商、化工廠等景氣循環股，對利率變化的反應更劇烈。這類廠商通常在大蕭條期間損失慘重，撐不到下一輪榮景；而到了終於恢復元氣那天，轉虧為盈的幅度卻往往遠超乎預期。

因此成長股較得我的青睞，不過有的年頭，景氣循環股的績效無疑遠勝成長股，好在這情況不常在我身上出現。景氣循環股大行其道的時候，成長投資人可能非常難以賺取平時的超常報酬。

確定投入景氣循環股的時機顯然是關鍵所在。1994年底，里昂證券（Credit Lyonnais Laing）便發布一份很有意思的報告，當中列出景氣循環股表現凌駕非景氣循環股的條件，我把成果摘錄於下表：

	相對產業績效			英鎊	
	非景氣循環股 %	國內景氣循環股 %	利率趨勢	有效匯率趨勢	非石油GDP成長（Q4年比）%
1980	+10.4	-11.2	走跌	走揚	-7.3
1981	+9.3	-11.5	走揚	走跌	+1.7
1982	+7.0	-1.0	走跌	走跌	+2.2
1983	-5.4	+12.8	走跌	走揚	+4.5
1984	+6.1	-7.1	走揚	走跌	+1.8
1985	-4.1	-2.5	走跌	走揚	+3.4
1986	+2.0	+1.4	走跌	走跌	+4.1
1987	-4.1	+0.2	走跌	走揚	+5.3
1988	+1.7	-7.1	走揚	走揚	+3.5
1989	+11.2	-16.2	走揚	走跌	+1.8
1990	+2.2	-11.6	走跌	走揚	-0.5
1991	+8.7	-14.8	走跌	走跌	-1.9
1992	+1.5	-9.1	走跌	走跌	0.2
1993	-13.1	+26.2	走跌	走揚	2.3
1994	-1.6	-1.1	走揚	走跌	3.0

從上表可知，景氣循環股最好的年頭是1983年（+12.8%相對-5.4%）、1985年（-2.5%相對-4.1%）、1987年（+0.2%相對-4.1%）及1993年（+26.2%相對-13.1%），其餘十一年表現均不及非景氣循環股，可知**景氣循環股要成功，端視時機正確。**

里昂證券的報告也指出，利率走跌是四個景氣循環股好年頭的共同關鍵；反過來說，利率走揚的年頭，景氣循環股無一表現良好。

四個景氣循環股好年中，有三個是利率走跌反轉的最後一年，可以看得出它們的績效在這段期間的相對表現是如何。

四個景氣循環股好年中的英鎊皆走揚。要指出英鎊走強和利率走跌的時間很容易，難是難在指認利率走跌的最後一年；也許最好的判斷方式，是檢查非石油部門GDP成長站上相對高檔。可以肯定的是，1983年4.5%、1987年5.3%的GDP成長率，是低利環境告終且升息在即的警訊。

1983、1987和1993年這三個最好的年度，前一年的利率都走跌；1987和1993年以前接連數年走跌，因此降息第一年不太可能是好時機。1985年算是例外，但績效的差異很小，以致於可以忽略。

總結擇時投資景氣循環股需要的一般條件：

1. 利率走跌的第二或隔年比首年更為看好。

2. 英鎊應走揚。

3. **利率走跌的末年時機最佳。**當非石油GDP成長站上4%或更高，顯然隔年有升息的機會。

選股方針

挑選個股以前，最好的做法是先挑選看好即將反彈的產業。第二步是挑選一兩家特別看好的企業；產業的龍頭最安全，規模小的雖然報酬率較高，卻也是容易吃鱉的標的。

彼得・林區曾談到，當考慮要不要買進一支股票，譬如一間龍頭煉銅工廠時，與其參考企管碩士的價位判斷，他寧願詢問熟知銅價的水管工看法。事實上，景氣循環股的評價倍數越低，買進的舉動越危險：看似便宜的反而可能最貴。評價倍數很高，通常表示景氣來到循環底部，很低可能是則景氣好轉告終的警訊。

投資人中意的是前景黯淡的景氣循環類股跟個股。它們的本益比也許很高，但假使此時消息面開始轉好，而且相對強弱指標也開始上揚，你咬緊牙關付出的高價便可能帶來回報。

另一個考量的基本重點因素，是企業的資產負債表好壞。投資人若看到大筆正現金部位顯然會大為放心，強勁的現金流量也是。企業雖持有鉅額借款，但如果消息面真的利多連連就還好，不過為了順利度過難關，可能仍然需要舉辦股票認購權發行。

若在大環境依舊下探或躺平時買入復甦股（recovery stocks），就真的要擔心現金短缺。我並不建議使用這方法，但有的投資人想買在谷底，趁機狠狠賺一筆。若真想這麼玩，我認為至少要確認標的的資產負債表看起來不錯，好長期持有到看法實現。

其他財務數據

景氣循環股的股價淨值比（price-to-book value, PBV）一向值得注意。公司所握有的淨資產，會成為復甦的原動力。顯而易見地，一家股價對淨值明顯溢價的公司，吸引力遠低於股價大幅對淨值折價的公司。

同理，股價營收比極低則表示日後產業好轉，毛利改善時的復甦規模；因此研擬類股的正常毛利高點，再對照當前價位是值得一試的做法。

下方二個圖表跟統計數據取自1995年3月和1996年3月，英國鋼鐵的REFS 企業資料。如虛線所示，法人共通預測在年中急轉直下。

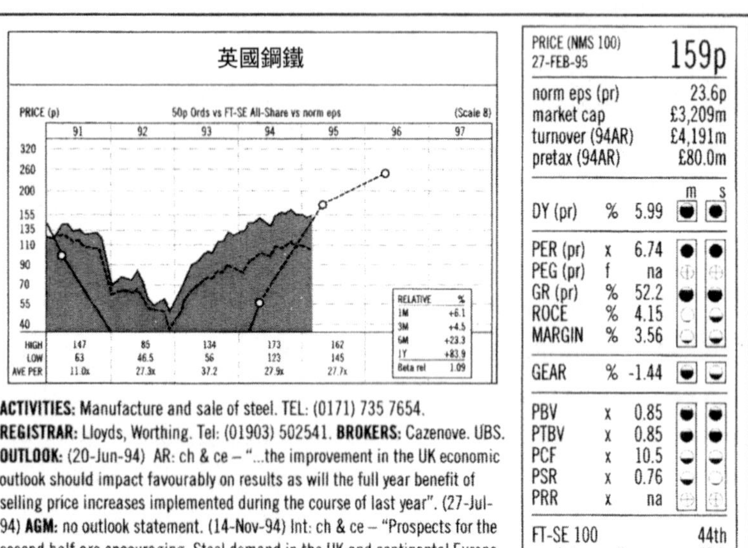

	91	92	93	94	95
HIGH	147	85	134	173	162
LOW	63	46.5	56	123	145
AVE PER	11.0x	27.3x	37.2	27.9x	27.7x

ACTIVITIES: Manufacture and sale of steel. TEL: (0171) 735 7654. **REGISTRAR:** Lloyds, Worthing. Tel: (01903) 502541. **BROKERS:** Cazenove. UBS. **OUTLOOK:** (20-Jun-94) AR: ch & ce – "...the improvement in the UK economic outlook should impact favourably on results as will the full year benefit of selling price increases implemented during the course of last year". (27-Jul-94) **AGM:** no outlook statement. (14-Nov-94) Int: ch & ce – "Prospects for the second half are encouraging. Steel demand in the UK and continental Europe is expected to grow by some 5%".

PRICE (NMS 100) 27-FEB-95 **159p**

norm eps (pr)	23.6p
market cap	£3,209m
turnover (94AR)	£4,191m
pretax (94AR)	£80.0m

			m	s
DY (pr)	%	5.99		
PER (pr)	x	6.74		
PEG (pr)	f	na		
GR (pr)	%	52.2		
ROCE	%	4.15		
MARGIN	%	3.56		
GEAR	%	-1.44		
PBV	x	0.85		
PTBV	x	0.85		
PCF	x	10.5		
PSR	x	0.76		
PRR	x	na		

FT-SE 100	44th
market overall	45th

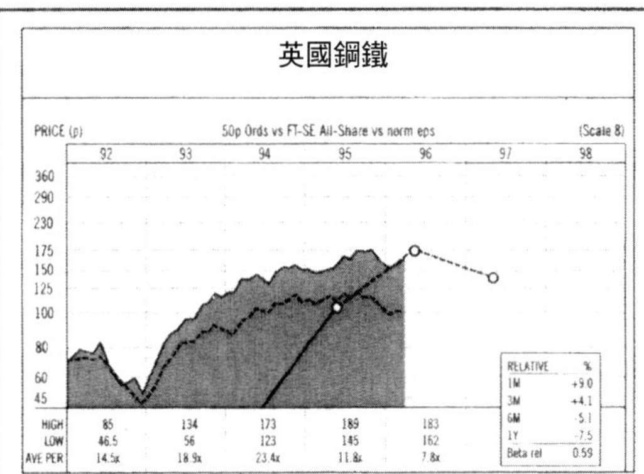

ACTIVITIES: Manufacture and sale of steel. TEL: (0171) 735 7654. **REGISTRAR:** Lloyds, Worthing. Tel: (01903) 502541. **BROKERS:** Cazenove. UBS. **INTERIM:** (13-Nov-95) ½ yr to 30 Sep 95. T/O £3,611m (£2,819m). Pre tax profit £550m (£159m). EPS 19.3p (6.49p). Int div 3.00p (2.00p). **OUTLOOK:** (19-Jun-95) AR: ch & ce – "Whilst there may be little sign of recovery in consumer confidence in the UK, many of our customers, particularly those exporting, are experiencing better levels of activity and are generally more optimistic". (26-Jul-95) **AGM:** ch – "...I expect 1995/96 to show considerable improvement on last year". (13-Nov-95) Int: ch & ce – "Steel demand in the second half is expected to be less strong than in the first half although underlying consumption of steel remains satisfactory in most markets".

PRICE (NMS 100) 26-FEB-96 **183p**

norm eps (pr)		28.9p
turnover (95AR)		£4,784m
pretax (95AR)		£578m

			m	s
DY (pr)	%	6.75		
PER (pr)	x	6.32		
PEG (pr)	f	na		
GR (pr)	%	na		
ROCE	%	12.2		
MARGIN	%	8.80		
GEAR	%	-3.16		
PBV	x	0.90		
PTBV	x	0.90		
PCF	x	8.07		
PSR	x	0.77		
PRR	x	na		

market cap	£3,715m
position	50th
FT-SE 100	

1995年3月的數據極為亮眼（股利收益率5.99%、本益比僅6.74、股價營收比0.76、現金流量強勁，而且股價對淨值折價），隔年的相對強弱卻不佳；1996年3月預測的前瞻每股盈餘下挫，是故日後消息面可能傳出利空。儘管基本面如此耀眼，英國鋼鐵只適合心臟大的投資人。

消息面的影響

我數次提到的「消息面」一詞，不只限於發布獲利和股利，還包含出售或關閉廠房、重大裁員、接獲大訂單、任命新董事……諸如此類的事項。新執行長的上任往往是企業重要轉折：阿斯達超市的亞奇・諾曼、格拉納達股份的格里・羅賓森、Next的沃夫森議員和大衛・瓊斯等人皆為例證。消息面不一定要富戲劇性，只要越來越看好即可；影響股價的主要是消息面的動態發展。

董事買股是利多

數名董事買入顯著股份向來是鼓舞的消息；對於景氣循環股，這景象可說是不尋常的背書。一家企業如果跌到谷底，並非沒有機會爆發危機，屆時董事們會丟掉職位，還會賠掉公司持股所投入的錢。若董事們自己藉由買股提高下跌風險，顯示對公司復甦的確非常有把握。

▶▶▶ 重點摘要

1. 擇時投資景氣循環股的考慮因素如下：
   - 利率走跌的第二或隔年似乎比首年更為看好。
   - 英鎊應走揚。
   - 利率走跌的末年為最佳時機。當非石油GDP成長站上4%或更高，隔年便有升息的機會。
2. 別盲目買進景氣循環股；應請教業界或懂相關產業的人士，盡量多吸收產業的基本資訊。
3. 若評價倍數低得要小心，可能表示快出事。
4. 不需擔心高評價倍數導致消息面開始稍微轉向。消息面的趨勢才是影響股價的主因。
5. 盡量挑現金部位亮眼或快速進步的企業。
6. 若股價顯著對淨值折價，還有低股價營收比，表示企業日後復甦的規模大有可為。
7. 需好好關注個股的相對強弱指標；若指標開始轉正通常是不錯的徵兆，尤其是剛經歷重大衰退，結束長期盤整的情況。
8. 董事集體買股向來是好跡象。
9. 各項因素都到位的個股，別怕出高價買入。

19
投資的自我提升之道

投資跟烹飪或園藝沒有兩樣，若想燒出一桌好菜或打造別緻庭院，要欣於研究達人的著作。

周而復始的閱讀習慣是有效管理持股的一環，若你真的想把投資當回事，最低的要求是每天讀《金融時報》和一份日報，加上每週讀週日報和《投資者紀事》。

日報之外，你擅長或中意領域的科技及商業雜誌，往往能帶來其他散戶欠缺的優勢。

盡量接觸與投資相關的材料不是壞事，但多數投資人預算有限，收集範圍多寡可視持股的規模而定。不過一開始甘心掏錢不是沒道理，獲得正確資訊的報酬豈止數倍。

大盤二十幾年來，若不計股利，每年平均上漲12%以上，能經常繳出高於這數字的專業基金經理人不多見。儘管如此，我認為投資人將目標績效設在2倍並不過分。你只需要研究REFS回溯測試（back test）中，低本益成長比、高相對強弱、充裕現金流量的個股，就能看見勝過大盤績效不止3倍的數字。確實，回溯測試看的是長期，但無損背後的道理，也就是每股盈餘記錄遠高於市場平均，加上現金流量和相對強弱勝出的個股，將會持續凌駕大盤。

你固然可能從券商營業員要到滿足種種條件的個股清單，好的券商在這方面會下功夫。不過如果你想自己動手做研究，REFS是管用的幫手。

如果投資人靠著REFS可以多賺大盤1倍的報酬，假設手上持股10萬元，即使行情平淡也能多賺1萬元，這部分資本利得要再扣個人持股計畫和免稅額外的稅金。此外保守估計，額外10%回報的1/5要花在投資工具上，好讓績效保持下去。

持股25,000元的2%開銷相當於500元，一半花在REFS季報，剩下拿去添購其他產品；持股50,000元預算是1,000元，持股100,000元預算是2,000元，持股介於40,000到100,000元，改訂REFS月報我想是利大於弊。

若持股金額介於100,000到500,000元，我建議在基本開銷2,000元之外，再多投入100,000元以上差額的0.5%，例如持股300,000元花3,000元，持股500,000元花4,000元。假使持股超過500,000元，就更不該介意這種小錢，有用為什麼不買。

找同道一起攤，像參加有制度的投資社團，不失為互蒙其利的手段。有人一起負擔REFS或《Techinvest》不僅較為輕鬆，還可合組投資讀書會，每人輪流提報一本讀過的書；或者集資買新書，大家一起讀。

此外，記得看緊荷包。下面建議的額外功課，我大致依照對績效的潛在挹注排列。

Company REFS是產品全稱，REFS是「真正必需的財務數據」（Really Essential Financial Statistics）的字首縮寫，分季報和月報出刊，提供散戶和法人真正需要知道的財務數據跟其他公司資訊。凡是英國掛牌的公司，除了投資信託，都附有一整頁的記錄，AIM掛牌公司則篇幅減半。整頁記錄上面是十二個月移動前瞻本益比、股利收益、成長率和本益成長比、資本回報、毛利、股價營收比、股價現金流量比、股價研發比、股價淨值比及槓桿，還附上五年來的常態化每股盈餘、FRS3、每股盈餘、稅率、每股現金流量、資本支出、每股股利、每股營收、毛利、資本使用回報率、折舊及利息明細等數據。

有一處會顯示常態化每股盈餘共同預測、個別法人的看法，及買進、賣出、持有的建議，另外一處則分析公司的槓桿明細，顯示利息和股利覆蓋倍數，還有速動和流動比率。也清楚地列出股東資本，連同董事持股及半年來異動。同時也有畫出股價、相對強弱、每股盈餘成長，搭配股價高低點、平均本益比週轉、地域及活動別獲利，以及該公司董事長對前景表態，且容易刺激價格的最新發言的圖表。並且羅列前一年消息面的有關要點。

公司記錄情報之豐富，光憑文字不足以表達，茲以1996年

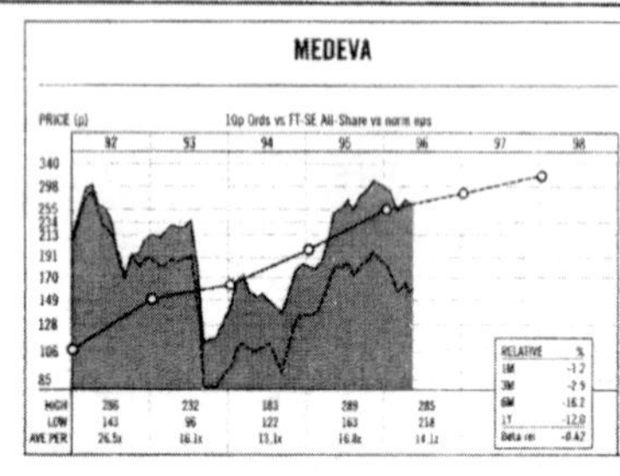

SECTOR: Pharmaceuticals. **ACTIVITIES:** Development, manufacture and sale of prescription pharmaceutical products.

DIRS: J W Baker (ch)*, Dr W Bogie (ce), G Watts (fd), G H Schulze, Dr M D Young, K B Sinclair*, M F Julien, B Rigby*. **HEAD & REG OFF:** 10 St James's Street, London, SW1A 1EF. Tel: (0171) 839 3888. Fax: (0171) 930 1514. **REGISTRAR:** IRG, Witham. Tel: (01376) 515755

BROKERS: de Zoete & Bevan; Panmure Gordon. **FINANCIAL ADVISERS:** Lazard Bros. **AUDITORS:** KPMG.

OUTLOOK: (19-Feb-96) AR: ch - "The outlook for further significant growth for Medeva is good - the company is in a healthy state...its prospects remain bright". (25-Apr-96) AGM: ch - "...trading for the group as a whole is in line with management's expectations".

NEWSFLOW: (29-Jun-95) Ann: The company has agreed to acquire the intellectual property and US distribution rights for the tetanus/diptheria vaccines currently manufactured by the Wyeth-Ayerst Laboratories Division of American Home Products. (11-Jul-95) Ann: Medeva announces that discussions with Fisons regarding a possible merger have been terminated. (19-Sep-95) Ann: The company has agreed to the repurchase by Matrix Inc of the marketing rights to AccuSite. Medeva will receive £2.00m under the agreement. (24-Oct-95) Ann: Medeva announces the acquisition from Glaxo Wellcome S.A. in Spain of the exclusive Spanish marketing rights to 7 products for a consideration of £12.4m. (22-Nov-95) Ann: Medeva has agreed to acquire Tillotts Pharma AG, Switzerland, for a consideration of SwFr18.1m (£10.1m). (22-Dec-95) Ann: An agreement has been signed with Janssen Pharmacutica International for the co-development and distribution of Medeva's hepatitis B Vaccine in the Asia-Pacific region, excluding Japan. (6-Feb-96) Ann: Medeva PLC, announces the disposal of its German operation, trading as Ribosepharm, to Klinge Pharma GmbH for a consideration of £53.8m. (20-Feb-96) Ann: ML Laboratories PLC has entered into an agreement with Medeva relating to the commercialisation of the first two products developed for ML's breath activated dry powder inhaler. (20-May-96) Ann: Medeva has acquired the US rights to the antihistamine/decongestant product, Semprex-D, from Glaxo Wellcome for $16.5m (£10.9m).

SEDOL:	575650	REUTER:	MDV.L
EPIC:	MDV	BLMBRG:	MDV

ACTIVITIES ANALYSIS (95AR)

		T/O	Pr
Pharmaceutical products	%	100	100
UK	%	21	15
Rest of Europe	%	12	7
USA	%	64	79
Rest of the World	%	2	

PRICE (NMS 25) 29-MAY-96 **244p**

			m	s
market cap		£724m		
position		198th		
index		FT-SE Mid 250		
norm eps (pr)		20.0p		
turnover (95AR)		£256m		
pretax (95AR)		£79.0m		
DY (pr)	%	2.50		
PER (pr)	x	12.2		
PEG (pr)	f	1.23		
GR (pr)	%	10.0		
ROCE	%	78.4		
MARGIN	%	31.7		
GEAR	%	-6.25		
PBV	x	4.80		
PTBV	x	7.23		
PCF	x	16.2		
PSR	x	2.77		
PRR	x	41.9		
nav ps (95AR)		50.9p		
net cash ps (95AR)		3.72p		

SHARE CAPITAL, HOLDINGS, DEALINGS

(1) 297m 10p Ords (Maj 22.0%, Dirs 0.03% [d]); (2) ADR.

General Electric Inv Corp	%	7.60	
Scottish Widows Fund & Life	%	6.37	
Franklin Resources Inc	%	5.00	
Standard Life Assurance Co	%	3.01	
Dr W Bogie (ce)	k	31.3	4+
G Watts (fd)	k	1.00	
J W Baker* (ch)	k	2.00	4+
Dr M D Young	k	20.00	
K B Sinclair*	k	16.6	

year ended 31 Dec		1991	1992	1993	1994	1995	**1996E**	**1997E**
turnover	£m	82.4	144	200	240	256		
depreciation	£m	3.13	5.55	9.10	14.5	14.5		
int paid (net)	£m	-0.84	1.32	1.10	-0.40	-0.90		
FRS3 pretax	£m	16.7	36.0	46.1	64.2	79.0		
norm pretax	£m	16.7	34.8	46.1	64.2	82.2	**92.4**	**103**
turnover ps	£	0.49	0.70	0.79	0.87	0.88		
op margin	%	19.3	25.0	23.6	26.6	31.7		
ROCE	%	31.4	49.1	40.8	82.1	78.4		
ROE	%	18.2	31.6	23.0	30.4	34.2		
FRS3 eps	p	7.94	11.7	11.4	13.8	16.4		
IIMR eps	p	7.94	10.5	11.4	13.8	16.4		
norm eps	p	7.94	10.5	11.4	13.8	17.4	**19.2**	**21.1**
norm eps growth	%	+144	+32.2	+8.57	+21.1	+26.4	**+9.85**	**+10.1**
tax rate	%	18	30	36	38	38	**38**	**38**
norm per	x					14.0	**12.7**	**11.6**
cash flow ps	p	4.52	7.57	13.2	20.3	15.0		
capex ps	p	4.63	18.5	8.28	3.98	3.61		
dividend ps	p	1.43	2.15	2.70	3.30	4.00	**4.59**	**5.27**
dps growth	%	+98.6	+50.4	+25.6	+22.2	+21.2	**+14.8**	**+14.8**
dividend yield	%					2.05	**2.35**	**2.70**
dividend cover	x	5.55	4.88	4.22	4.18	4.36	**4.17**	**4.00**
shrholders funds	£m	73.9	72.8	130	132	150		
net borrowings	£m	–37.9	40.5	–5.80	–9.60	–9.40		
net curr assets	£m	25.7	–5.54	25.1	25.0	38.3		
ntav ps	p	23.7	13.2	29.8	26.8	33.8		

Broker	Date	Rec	1996 ESTIMATES Pretax £m	Eps p	Dps p	1997 ESTIMATES Pretax £m	Eps p	Dps p
Daiwa Europe	31-Mar-95	ADD r	83.0 r	17.4 r	4.20 r			
Flemings	27-Jul-95	HOLD	95.0	18.7	4.60	105	21.8	5.10
Nikko Europe	17-Jan-96	HOLD –	96.8 +	19.7 –	4.60	104	21.4	5.00
BZW	20-Feb-96	BUY	90.4	19.5	4.50	106	22.9	5.27
UBS	20-Feb-96	BUY	90.0	18.5 +	4.80	100	20.5	5.50
Williams de Broe	28-Feb-96	BUY	90.0 –	19.2 –	4.50 –	100	20.3	5.00
Merrill Lynch	29-Feb-96	ACCU –	99.5 –	20.8 –	4.90 +	120	25.1	5.90
NatWest Securities	29-Feb-96	RED	94.0	19.6	4.70	103	21.3	5.10
Lehman Brothers	6-Mar-96	OUTP	89.9	18.8	4.60	102	21.4	
Panmure Gordon	15-Mar-96	BUY	95.0	19.7	4.50 –	110	22.8	5.00
HSBC James Capel	18-Mar-96	HOLD	95.0 +	19.2 +	4.80 +	103 –	20.1 –	5.50 +
SBC Warburg	21-Mar-96	HOLD	89.0 +	18.9 +	4.70 +	112 +	23.3 +	5.50 +
SGST	25-Mar-96	H/B	88.5 –	18.0 –	4.40 –	100	20.0	4.90
Salomon	9-Apr-96	HOLD	94.0	18.8	4.70	115	22.0	5.40
Credit Lyonnais Laing	11-Apr-96	BUY	94.0	19.0	4.80	103	20.8	5.50
Greig Middleton	15-Apr-96	BUY	88.0 –	18.4 –	4.50 –	97.0	20.2	5.10
	Consensus	**WBUY**	**92.4**	**19.2**	**4.59**	**103**	**21.1**	**5.27**
	1M change		+0.09	+0.08	–0.05	–2.21	–0.41	–0.01
	3M change		–1.74	–0.42	–0.29	–3.21	–0.80	–0.06

GEARING, COVER (95AR)			
intangibles		Incl	Excl
net gearing	%	-6.25	-9.42
cash	%	8.58	12.9
gross gearing	%	2.33	3.51
under 5 yrs	%	2.33	3.51
under 1 yr	%	1.26	1.90
quick ratio		r	1.06
current ratio		r	1.44
interest cover		x	114

KEY DATES	
next AR year end	31-Dec-96
int xd (1.10p)	12-Sep-94
fin xd (2.20p)	20-Mar-95
int results	19-Jul-95
int xd (1.40p)	31-Jul-95
year end	31-Dec-95
annual report	19-Feb-96
fin xd (2.60p)	1-Mar-96
agm	25-Apr-96

5月29日的Medeva為例。法人預估、槓桿和覆蓋倍數固定放在REFS公司輯每一頁下方。

即使目前看來，公司記錄已很詳盡，但REFS不止於此。它的圖表輯還會逐一顯示指數的升降競爭者、相對強弱位居首尾的個股、收益最高者、本益成長比最低者、本益比最高和最低者、市值淨值比最佳者，及其他更多。

此外每個類股的分析，也顯示個股數據相對其他同行、類股及大盤平均的表現。並且也提供半年來的董事交易明細、買賣股份和部位，及剩餘持股。有一段顯示過去十二個月的執行長異動，另一段則逐一顯示指數的每月法人共同預測異動，並依幅度排序。

REFS是好用的線上投資參考工具

我可以繼續往下大講特講，畢竟產品是由我規畫，我對設計和內容也持續多所著墨，也承認我的確立場偏袒。REFS改變了我自己的投資績效，原發行人Hemmington Scott也獲得覺得滿意的散戶們自發推薦。除此之外，還有三份電子月刊值得推薦：

1. 《Techinvest》是聚焦高科技公司的電子月刊，它們的中位推薦實績很好，示範持股也績效出色。它們大多推薦中小型企業，有些被納入中型250指數。
2. 《The Small Company Sharewatch》月刊的內容包含有利可圖的契機、最新消息，及許多實用意見。
3. 《The Penny Share Guide》是聚焦「雞蛋水餃股」的電子月

刊，這種標的的報酬可能極為驚人，但往往沒流動性，造市抽頭占股價比例很高。

上述電子報會推薦並講解個股，有的刊物會幫投資人認識牽動大盤的趨勢，英股的投資人除了週日之外，每日無疑必備《金融時報》，《投資者紀事》、《每週金融》（*Money Week*）跟《Shares》是三份優質週刊，裡頭都有推薦和深度報導。

至於國際投資人，我推薦首屈一指的《華爾街日報》歐洲版，以及每六個月舉辦一次圓桌會議的《巴隆》週刊，它邀請的與談者不乏吉姆．羅傑斯和麥嘉華（Marc Faber）之流。

1. 《華爾街日報》是首屈一指的報紙，歐洲版提供每週五天的極佳全球市場報導，而且對舉足輕重的華爾街多所著墨。
2. 《巴隆》是最好的美國投資週刊，每一分錢都花得值得。尤其它的圓桌會議的與會者，像彼得．林區、約翰．奈夫、吉姆．羅傑斯等人來頭都不小，知名基金經理人訪談也是。此外它也經常做深度報導，主題包括現金流量、股價營收比等。
3. 每週出刊的《經濟學人》是掌握世界經濟和金融發展的極佳雜誌。我特別推薦最後幾頁的經濟財政指標，上頭揭示每週的全球股市表現、貨幣供給統計、全球利率、貿易餘額、儲備、匯率、工業生產、GNP、GDP、零售銷售、失業、消費者和躉售物價變動，及工資上漲等資訊。

我還推薦以下對國際投資人很有用的刊物：

1. 《榮枯與厄運報告》（*The Gloom, Boom And Doom Report*），這是一向唱空的麥嘉華博士在香港出品的電子報，好讓世人不致過度樂觀。
2. 《BCA調研》（*The Bank Credit Analyst*）是在分析與判斷市場趨勢領域中夙負盛名的電子月報，較著重通常扮演領頭羊的美國市場。
3. 《價值線》（*Value Line*）是投資美股必備工具，算是華爾街版的Company REFS。

投資讀物

投資跟烹飪或園藝沒有兩樣，若想燒出一桌好菜或打造別緻庭院，要欣於研究達人的著作。

英國投資作家的讀物有增加的趨勢，不過大體上仍仰賴自美國輸入。當你想到有的書是彼得・林區、肯尼斯・費雪、馬丁・史維格（Martin Zweig）等大師的著作，或詳列巨擘巴菲特的生平和手法，有志的投資人若站在這些巨人的肩膀上時，難道不會看得更遠？有的書承載了畢生經驗，花在書上的時間，多年後會化成優異的投資報酬。

在第一章時曾提到入門書，在此列出更深入的讀物，並分為三級：易懂進階、高階，和專家級。

易懂進階讀物

我在個人網站www.jimslaterorg.uk對歷年選書做了說明。

中階

1. 《會計科目解祕》（*Accounts Demystified: The Astonishing Simple Guide to Accounting*），作者是安東尼·萊斯（Anthony Rice）。
2. 《笑傲股市：歐尼爾投資致富經典》，作者是威廉·歐尼爾。
3. 《怎麼知道這檔股票能賺錢？》，作者是理查·柯克、李奧·高夫。
4. 《大到不能倒：金融海嘯內幕真相始末》，作者是安德魯·羅斯·索爾金。

高階

1. 《解讀公司財報及科目》（*Interpreting Company Reports and Accounts*），作者是傑佛瑞·霍姆斯（Geoffrey Holmes）、

艾倫・薩格登（Alan Sugden）與保羅・吉（Paul Gee）。

2. 《華爾街錦囊妙計》（*What Works on Wall Street: A Guide to the Best-performing Investment Strategies of All Time*），作者是詹姆士・歐沙那希。

後記
投資，種瓜得瓜，種豆得豆

散戶應當發展自己的系統、方法和紀律。再配合個人目標，慢慢地隨著經驗修正、調整、成型。

我期盼這本書已說服你，只要掌握方法就能凌駕大盤。

我挑選致勝成長股的方法，並非什麼神奇或神祕的魔法；相反地，我的方法嚴格且紀律。我只買符合自己條件的股票：其中準則有的可視為必要，有的極誘人，其餘則算是加分。

以下總結我的準則：

1.必要條件

- 部位可觀則本益成長比以未達1.0為選股標準；部位較小則本益成長比未達0.75為標準。
- 前瞻本益比不超過20。
- 現金流量強勁，尤其上年度和五年平均的每股現金流量高於每股盈餘。

- 槓桿比率低，最好不到50%，帳上現金餘額為正更好。
- 過去一年、三個月和上個月的相對強弱指標在高檔。
- 強大的競爭優勢。
- 董事未見集體賣股。

2. 高度誘人

- 每股盈餘增長，最好跟自我複製公司活動有關。
- 若干董事買股。
- 市值落在3,000萬到2.5億英鎊（約新台幣14億到116億元）。
- 股利收益。

3. 加分因子

- 股價營收比低。
- 推陳出新。
- 股價研發比低。
- 合理的資產狀況。

這些準則可充當投資人隨身攜帶的彈匣，裡頭的子彈不一定全用得到，也可能沒射中靶，但你至少需要射中為數不少的目標。它們不是拿來照本宣科用的，性質上較接近成長投資人的方針，提供排除不可靠投資的依據，並指出卓越的投資機會。不過若是稍稍背離這些方針的股票不見得就要槓掉。

即使是必要條件，仍有保留若干彈性的必要。例如某筆看好的投資，卻只因為二年前每股盈餘成長幅度差一點點，便未能擠進低本益成長比的行列。且該公司的現金流量是每股盈餘的兩倍，股價營收比未達1.0，本益比也僅有12，接下來幾年每股盈餘更可望成長30%。這種情況，僅僅因兩年前本益成長比差一點達標，就把這檔股票槓掉，也不免太過莫名其妙。同理可用在其他全部的條件：若多項統計數據破表，便遠足以扳回某項數據的失利，爭論點若是過往的曇花一現更是如此。有的股票顯然無論如何都非下手不可，但更常見的情況是，必須先斟酌個股整體條件，判斷後才能下定決心。

我挑選成長股的方法精髓，是從整個大盤著手，慢慢淘汰到剩下少數名單。REFS的每月報表讓這過程輕鬆許多，被REFS列在最低本益成長比的公司，代表已通過第一道濾網：每股盈餘成長至少有不錯的短期記錄，而且可望維持下去。

第二道濾網是設定本益成長比上限。若部位相當可觀，本益成長比未達1.0即可，部位不多則可挑剔一點，設個較難的關卡，如本益成長比未達0.75。

下一步是檢查潛在標的的前瞻本益比未達20、現金流量高於每股盈餘、槓桿比率未達50%，而且前一年對照大盤的相對強弱為正數；上個月的相對強弱也應該為正數，不過若走勢短暫停頓，前三個月相對強弱為正亦可。

這些淘汰基準大多只需查看REFS的最低本益成長比每月報表

即可確認，例外的槓桿比率和三個月相對強弱，可從公司記錄確認，還可順便查看董事持股異動情形。

如果若干條件的要求順利地漂亮達陣，但有的要求卻略顯不足，則可採取較寬容的方式。例如假設每股現金流量是每股盈餘2倍，槓桿就算來到70%，也還算過得去；類似地，如果本益成長比僅0.5，加上若干董事大手筆買股，本益比即使站上21亦無妨。

數據的部分過關了，接著我會看公司的競爭優勢是否符合我的標準。過程中我會依照常識判斷，向熟門熟路的友人打聽，閱讀剪報、券商報告、年報，還有REFS中附帶的公司報導。

這個階段，我會一併考慮誘人的支持因素，像每股盈餘增長、自我複製活動的能力、董事大手筆買股、市值和股利收益。我也會從低股價營收比、推陳出新、低股價研發比，還有合理的資產狀況等加分因素中尋求可靠的支持力量。

另一項有用的交叉檢核方式是REFS類股分析，以觀察標的公司關鍵數據對照同行、類股和大盤的情況如何。

至今的樣本顯示，低本益成長比的擇股法則相當成功。在八個六個月期樣本中，本益成長比未達0.6的股票若不計股利漲幅，平均可達22.9%，而算法雷同的大盤則僅為8.9%。現金流量濾網對績效的效果極微，但不失為多一道把關手續。相對強弱濾網則大幅提升績效，平均漲幅高達34.5%。

此外，十三個僅要求本益成長比未達0.75的樣本中，富時100成分股的漲幅為21.04%，而指數本身漲幅僅9.53%；本益成長比未達0.75的中型250成分股績效亦凌駕大盤，平均漲幅14.8%，指數則僅有9.56%的漲幅。

不少投資人都對結果感到意外，我通常會反問對方，成長率相對評價倍數、現金流量、相對強弱都好看的個股，有什麼理由輸給大盤？我目前還沒聽到滿意的答案，我也不認為有。

我建議十到十五檔是小部位的最適持股，部位很大的話可增加到三十檔左右。本益成長比法則既能幫你指認進場的時點，也能提示你該出場的時候。很多專注本業的股票，在股價未太過離譜的情況下，能放上很多年。不過若本益成長比漲到1.2以上就要警覺，此時安全邊際已所剩無幾。此外，資本利得所得稅固然是考慮因素，不過一旦手中持股的本益成長比來到市場平均值，我肯定是站在賣方，而且可能還不到那時便已出脫；變現後必定可將資金再投資到安全邊際更大、上漲轉機更寬裕的個股。

此外，不要在推敲盤勢這件事花太多功夫。投資是門講究具體的技藝，而且選股比擇時重要。你要是發現投資讓你晚上睡不著覺，就賣掉部分股票，直到你一夜好眠；若真要賣股，先挑性質最投機和本益成長比最高的賣，如此能提升剩餘持股的安全邊際。

我能做到的最重要的忠告，是散戶應當發展自己的系統、方法和紀律。其模式可能會圍繞在本書所講解的構想展開，再配合個人目標，這邊改一下那邊修一下，慢慢地，你的方法會隨著經驗修正、調整、成型。千萬別一成不變，並做好接納新投資構想的準備，它可以幫助你拓展知識。

別輕信小道消息，諸如生技股或某概念股很夯之類的，但其實它們欠缺基本面，當中很少有好下場，最後大多會是一場圈套。獲利續抱、賠錢停損、用光個人持股計畫額度，堅持自己的方法，並持續精進，才是成功投資的不二法門。

最後，我想強調一點，投資是種瓜得瓜，種豆得豆的過程。投資人應當廣泛地主題閱讀，添購或訂閱負擔得起的投資內容，還有每週要至少撥一小時，策略式地思考自己的投資。

隨著你的技巧精進，我敢打包票你會開始享受投資這件事，就像熱衷其他習得的技藝那樣。而這門特殊技藝好就好在，你越厲害，財富就越多。

附錄

1. 歐沙那希出版的《華爾街錦囊妙計》一書中，研究1954至1994年四十年間的美國數據，並羅列大量績效統計數字，其中包括下列有意思的發現：

複合年報酬率 %			
	低評價組		高評價組
股價淨值比（PBV）	14.4		7.5
股價現金流量比（PCF）	13.6		6.8
股價營收比（PSR）	15.4		4.2
本益比（PER）	11.2		8.4
每股盈餘連漲五年且相對強弱最佳		16.86	
本益比小於20且相對強弱高		16.86	
單年相對強弱高且股價營收比低		18.14	
單年相對強弱高		14.03	
單年相對強弱低		1.78	
＊為供正確評判，全體股票1954至94年的四十年期複合年報酬率為12.5%。			

因為預測沒有涵蓋整個區間，歐沙那希做的研究沒用本益成長比，不過看得出來他的結果也大力支持本書提出的其他評判標準。

2. 六次贏得華爾街選股競賽的喬納森．斯坦伯格 (Jonathan Steinberg)，在著作《點石成金的投資法則》（*Midas Investing*）中指出的投資評判標準包括：

■ 相對強弱數據高且創新高
■ 內部人士買股
■ 券商上修預測
■ 題材誘人
■ 強勢的每股盈餘成長，且能以低本益比入手。斯坦伯格認為本益成長比是重要性遠大於本益比的指標，而且他向來用它決定買股與否。他看中的是成長率高出本益比一大截的股票（即本益成長比低於1.0不少）。

斯坦伯格的評判基準跟我實無分別。但我對他不重現金流量這點感到意外，不過1997年他著作問世後，曾在自己的《個人理財》月刊（*Individual Investor*）中坦言，該雜誌會從錯誤中學習，日後將更著重於現金流量與資產負債表上的利多。

3.《巴隆》週刊中有篇文章提到大衛．李普舒茲（David Lipshutz）在摩根士丹利做的研究。他研究一千家美國龍頭企業超過十一年的表現，其中發現本益比相對成長率最低（即低本益成長比）的企業，績效顯著超越大盤。他還發現本益成長比最高的企業表現最差。他表示：「結果這麼一致尤其難得，也顯示出理念的威力。」

4. 保德信的克勞迪婭．莫特（Claudia Mott）更進一步提出佐證。她計算溯及1982至1996年底的十四年間，5,041支中型股的本益成長比，當中發現本益成長比低於0.75的中型股，其平均年報酬有19.2%。換算下來，若期初投資100元，最後可收回1,166元；而本益成長比介於1.0到1.25的平均報酬為16.5%，最後則賺回846元；本益成長比大於2.0的平均報酬為10.8%，並賺回421元。她在結論認為，股票的本益成長比應買在1.0以下為宜，來到1.25已無賺頭，超過則買貴了。
5. 我在1995年11月29日用Company REFS選的四支股票，到1996年5月29日已增值64.6%；後來這組合繼續打敗大盤，到1997年9月平均已增值167%，同期間大盤績效僅為29%。
6. 1995年12月29日我為《週日金融通信》精選的1996年新春組合的八支股票也是一路顯著擊敗大盤，到1996年6月已賺27%；而1997年9月30日留著的六支股票（一支賣掉時虧損4%、一支遭併購時賺35%），平均增值超過100%，相較之下大盤為28%。

7. 我兒子掌管的史萊特成長基金市值一路上升。1996年期間依淨收入公開對外再投資的方式評比，以獲利59.1%榮登英國績效最佳單位基金，反觀大盤僅有15.7%。

   2000年10月，美盛集團把史萊特基金買下來，決定變更管理將其轉往機構內部管理；並接著把主軸換成高價科技股，結果挑了錯的時機。

   新的史萊特成長基金聽取我兒子意見，運用本益成長比法則配合其他各項評判標準。2010年10月我欣然注意到該基金去年度交出75%的好成績，在2,829支各類型基金中排名首位。

超越祖魯法則

瞄準成長股的超人利潤，散戶選股策略經典

Beyond The Zulu Principle: Extraordinary Profits from Growth Shares

作　　者　吉姆・史萊特（Jim Slater）
譯　　者　陳鴻旻
主　　編　郭峰吾

總 編 輯　李映慧
執 行 長　陳旭華（ymal@ms14.hinet.net）

社　　長　郭重興
發行人兼出版總監　曾大福
出　　版　大牌出版／遠足文化事業股份有限公司
發　　行　遠足文化事業股份有限公司
地　　址　23141 新北市新店區民權路 108-2 號 9 樓
電　　話　+886- 2- 2218 1417
傳　　真　+886- 2- 8667 1851

印務經理　黃禮賢
封面設計　兒日設計／倪旻鋒
印　　製　成陽印刷股份有限公司
法律顧問　華洋法律事務所 蘇文生律師
（本書僅代表作者言論，不代表本公司／出版集團之立場與意見）

定　　價　380 元
初　　版　2015 年 5 月
二　　版　2018 年 8 月
三　　版　2021 年 7 月

國家圖書館出版品預行編目（CIP）資料

超越祖魯法則：瞄準成長股的超人利潤，散戶選股策略經典 / 吉姆・史萊特 ; 陳鴻旻 譯. – 三版. -- 新北市：大牌出版, 遠足文化事業股份有限公司, 2021.7 面 ; 公分
譯自：Beyond The Zulu Principle: Extraordinary Profits from Growth Shares
ISBN 978-986-0741-23-0 (平裝)
1.證券投資　2.投資分析

563.53　　110009566